엉뚱한 질문이 많은 아이의 천재성을 깨우는
현명한 엄마의 대답 77가지

엉뚱한 질문이 많은 아이의 천재성을 깨우는
현명한 엄마의 대답 77가지

지은이 | 張雪松
번역 | 김락준
감수 | 조혜수

1판 1쇄 인쇄 | 2007. 01. 02.
1판 1쇄 발행 | 2007. 01. 05.

펴낸곳 | (주)북이십일 아울북
펴낸이 | 김영곤
본부장 | 김진철
책임편집 | 원성식
기획개발 | 나은경, 서지연
영업마케팅 | 정성진·안경찬·이희영·유정희
북디자인 | 디박스, 일러스트 | 조창배

등록번호 | 제10-1965호
등록일자 | 2000. 5. 6.

경기도 파주시 교하읍 문발리 파주출판문화정보산업단지 518-3(413-756)
전화 | 031-955-2100(영업), 031-955-2438(독자문의)·팩시밀리 | (031)955-2151
이메일 book21@book21.co.kr · 홈페이지 www.book21.co.kr

값 10,000원
ISBN 978-89-509-1064-8

如何回答孩子的刁钻问题
作者:張雪松
copyright ⓒ 2007 by 石油工業出版社
All rights reserved.
Korean Translation Copyright ⓒ 2007 by Book21 Publishing Group Co., Ltd
Korean edition is published by arrangement with 石油工業出版社
through EntersKorea Co.,Ltd, Seoul.

이 책의 한국어판 저작권은 (주)엔터스코리아를 통한
중국의 石油工業出版社와의 계약으로 도서출판 북21/아울북이 소유합니다.
신 저작권법에 의하여 한국 내에서 보호를 받는 저작물이므로 무단전재와 무단복제를 금합니다.

※정성껏 만든 책이지만, 간혹 실수가 있을 수 있습니다. 그런 경우에는 구입하신 서점에서
새 책으로 바꿔 드립니다. 좋은 책을 만들기 위해 최선을 다하겠습니다.

엉뚱한 질문이 많은 아이의 천재성을 깨우는

현명한 엄마의 대답 77가지

張雪松 지음

들어가는 글

"아빠는 수염이 있는데 왜 전 없어요?"
"할아버지는 왜 돌아가셨어요?"
"왜 사람은 눈이 두 개예요?"
"파리는 더러운 음식을 먹고도 왜 병에 안 걸려요?"
"왜 전 아빠가 아니라 엄마 배 속에서 태어났어요?"
왜요? 왜요? 왜요…

아이를 키우다보면 한번쯤 이런 식의 질문을 받기 마련이다. 그런데 대답하기 곤란하다고 해서 아이들의 질문을 지나쳐선 안 된다. 아이들은 낯선 세상을 인지하면서 궁금증을 갖게 되고, 이를 해결하는 과정에서 세상을 이해하고 적응하기 때문이다. 다시 말해 아이가 끊임없이 "왜요?"라고 질문하는 것은 인지능력이 발달하고 있는 증거인 것이다.

아이들은 성장하는 과정에서 지적욕구를 느끼기 마련인데, 이때야말로 가장 효과적으로 지식을 가르칠 수 있는 기회다. 따라서 아이들이 다

소 황당한 질문을 하더라도 부모는 먼저 그 질문에 관심을 보이고, 정확한 대답을 들려주어야 한다.

 하지만 정확하게 대답해주는 것이 그리 쉬운 일은 아니다. 아이들의 질문이 엉뚱하고 상상을 초월할 뿐 아니라 매우 즉흥적이기 때문이다. 아이들은 이 세상을 마치 변화무쌍한 만화경처럼 보기에 질문도 꼭 종잡을 수 없이 한다. 실제로 뒤로 넘어갈 정도로 어이없는 질문을 해오면 부모는 설사 그 답을 알고 있다 하더라도 어떻게 말해줘야 할지 몰라 난감해진다. 심지어 머릿속이 하얘지면서 눈앞이 깜깜해지는 경우도 있다. 이 책은 바로 이런 상황에 대처할 수 있도록 안내하기 위해 쓰였다.

 이 책에는 아이들이 흔히 하는 난감한 질문과 이에 대해 부모가 현명하게 대처할 수 있는 대답이 소개되어 있다. 또한 부모들이 흔히 하는 잘못된 대답을 소개하고, 마치 정석처럼 여겨지는 이런 답변이 실제로는 아이의 상상력과 창의력을 어떻게 해치는지 지적했다. 아울러 아이의 궁금증을 만족스럽게 해결할 수 있는 답변과 말할 때의 기술을 소개하였다.

이 책을 읽는 부모는 아이에게 모르는 것이 없는 척척박사, 진정 대화를 나눌 만한 상대로 거듭나게 될 것이다!

그렇다고 해서 어떤 상황에서든 반드시 이 책에 소개된 대답만 고집하라는 뜻은 아니다. 책 속의 답변을 참고하여 아이의 나이와 성장 단계에 맞춰 본인만의 대답을 찾아도 된다. 무엇보다 중요한 것은 아이가 질문을 많이 할수록 좋다는 점을 명심하고, 자녀들과 진정으로 교류하는 시간을 갖길 바란다.

부 모 님 께
올 리 는
글

　아이들은 태어나는 그 순간부터 주변의 사물을 관찰하기 시작합니다. 그러다 유년기가 되면 탐구정신이 어느 때보다도 왕성해져 주변의 낯선 세계가 매우 신기하게만 보입니다. 더욱이 말까지 배우기 시작하니 부모에게 이것저것 많이 묻게 되지요. 이때가 바로 아이들에게 정확한 지식을 가르쳐줄 수 있는 가장 좋은 시기입니다.
　물론 아이들이 조그마한 입으로 쉴 새 없이 재잘대는 많은 질문에 일일이 대답해 주기란 쉽지 않을 것입니다. 그러나 아이의 질문에 대한 부모의 태도와 답변의 내용은 매우 중요합니다. 아이의 지적욕구와 탐구정신, 지능계발에 직접적인 영향을 주기 때문입니다. 그렇다면 어떻게 해야 아이의 질문에 정확하게 대응할 수 있을까요?

　첫째, 아이의 질문을 받아줘야 합니다. 보통 아이들이 하는 질문 중에는 너무나 얼토당토않은 것들이 많아서 많은 부모들이 짜증을 내거나 막막해 합니다. 그런데 이처럼 아이의 질문을 받아주지 않고 흘려듣거나, 짜증을 내게 되면 아이는 질문하고픈 열정을 잃게 되고, 그 결과 지혜의 싹이 말라버리게 됩니다. 그러므로 부모는 반드시 아이의 질문을 받아줘야 합니다.

둘째, 아이의 질문에 대답하는 기술을 배워야 합니다. 이는 매우 중요한 일로, 구체적인 방법은 다음과 같습니다.

되도록 빨리 대답하십시오. 일반적으로, 아이들의 집중력은 그리 오래 가지 않습니다. 따라서 부모가 빨리 대답해주지 않으면 아이는 자신이 질문했던 사실을 까맣게 잊어버리거나 더는 흥미를 느끼지 못하게 되므로 아이의 지능발달에 부정적인 영향을 주게 됩니다.

대답을 질문으로 대신하십시오. 아이들은 가끔 자신의 생각을 확인하고 싶어서 질문하기도 하는데 이럴 때는 반문을 하는 형식을 취하는 것이 좋습니다. 이는 깊이 생각하지 않고도 아이에게 만족스러운 답변을 들려줄 수 있는 방법이자 스스로 생각하게 하는 습관을 길러줄 수 있는 방법입니다. 단, 반문을 할 때에는 말투와 표정을 온화하게 하는 것이 좋습니다.

정보의 보고를 이용하여 대답해 주십시오. 질문의 내용에 대해 전혀 모르거나 체계적으로 설명해줄 수 없을 때에는 아이와 함께 책이나 인터넷을 보거나 전문가에게 문의하는 등 다른 경로를 통해 답을 찾아야 합니다. 이 방법은 아이에게 책을 보고, 자료를 찾고, 어른들에게 배우는 좋은 습관을 길러줄 뿐 아니라 모르는 내용이 생기면 어떻게 해결해야 되는지 알게 해줍니다.

　　아이의 수준에 맞게 대답하십시오. 아이들의 질문 중에는 지극히 평범하지만 대답하기 어려운 물음도 있고, 막상 대답을 해줘도 아이가 이해하지 못하는 경우도 있습니다. 그런데 이처럼 만족스러운 대답을 얻지 못하는 일이 반복되면 아이는 질문하는 횟수가 점차 줄어들고, 사물에 대한 호기심도 잃어버리게 됩니다. 그러므로 부모는 아이가 이해할 수 있도록 말해줘야 합니다. 예컨대, 아이가 "왜 달은 밤에만 떠요?"라고 질문했을 때 부모가 아무리 달과 지구의 관계를 설명해줘도 아이는 이해하지 못합니다. 차라리 아이의 나이와 특성에 맞도록 사물을 의인화해서 "낮 동안 세상을 밝혀줬던 해님은 밤이 되면 잠을 자러 가야 하거든. 그래서 달님이 대신 나와서 세상을 환하게 비춰주는 거야"라고 말해주는 것이 좋습니다. 비록 과학적 원리와는 딱 맞지 않더라도 아이의 호기심을 만족시킬 수 있는 대답이 필요합니다.

아이의 사고력을 자극하십시오. 아이들의 질문 중에는 여러 가지 답이 가능한 것들이 있는데, 이 경우 한 가지 사실을 마치 전부인 양 대답해주는 것은 합리적이지 않습니다. 예컨대, 아이가 "왜 세탁기가 안 돌아가요?"라고 질문하면 "정전이 됐나? 네 생각에는 왜 그런 것 같니?"라고 되물어 아이의 사고력에 불을 지피는 것이 좋습니다. 그래서 아이가 "세탁기가 고장 났을 수도 있고, 코드가 빠졌을 수도 있고, 또…"라고 생각해보게 하는 것이 좋습니다.

지금까지 대답을 더욱 효과적으로 하는 데 도움이 되는 몇 가지 기술을 알아보았습니다. 그렇다고 아이의 질문에 꼭 이렇게 대응하라는 뜻은 아닙니다. 부모만큼 자기 자식을 잘 아는 사람은 없으므로 아이의 독특함이 묻어나는 질문에는 부모만의 대답을 들려주는 편이 가장 효과적입니다. 다만 아이의 나이와 성장단계를 고려하여 그에 걸맞은 대답을 해주고, 아이가 더욱 더 적극적인 태도로 미묘한 이 세상을 탐구하도록 격려해주자는 것입니다.

독일의 교육자 프뢰벨(Friedrich Wilhelm Frobel)은 이런 말을 했습니다.

"아이들은 우리의 스승이다. 아이들은 천진난만하고 못하는 것이 없으므로 우리는 학생이 되어 그들을 본받아야 한다."

사실, 어른들은 아이들에게서 무한한 호기심을 배워야 합니다. 호기심은 매우 고귀한 자원과도 같기 때문입니다. 앞으로는 아이가 질문을 하면 매우 진지하게 대해 주세요. 이 오묘한 세상을 부모와 함께 탐구하는 시간은 아이에게 무엇보다 값진 선물이 될 것입니다.

목 차

1

답을 알아도 답하기 난감한 질문에 현명하게 대처하는 방법
018

질문 01	저렇게 많은 의사 선생님들이 배 나온 아줌마 둘러싸고 뭐하는 거예요?	021
질문 02	왜 아빠가 아니라 엄마 배 속에서 나왔어요?	025
질문 03	엄마는 왜 동생을 낳지 않아요?	029
질문 04	왜 태어날 때 순간이 하나도 기억 안 나요?	034
질문 05	아빠는 수염이 나는데 왜 전 안 나요?	038
질문 06	왜 전 남자(여자)예요?	042
질문 07	왜 전 치마를 입으면 안 돼요?	046
질문 08	친구네 집에는 자동차가 있는데 왜 우리 집에는 없어요?	050

질문 09	왜 아빠랑 결혼했어요?	054
질문 10	엄마랑 아빠랑 왜 헤어져요?	057
질문 11	아빠, 그 여자 친구랑 안 만나면 안 돼요?	060
질문 12	아빠도 병이 나요?	064
질문 13	할아버지는 왜 돌아가셨어요?	067
질문 14	엄마, 할머니는 어디로 돌아가셨어요?	070
질문 15	전 언제쯤 죽나요?	073
질문 16	사람이 놀라면 정말로 죽을 수 있어요?	077
질문 17	엄마, 제 숙제 좀 도와주시면 안 돼요?	080
질문 18	왜 엄마 젖 먹으면 안 돼요?	084
질문 19	저도 크면 예뻐질 수 있어요?	088
질문 20	왜 어쩔 땐 저보고 다 컸다고 하고, 또 어쩔 땐 아직 어리다고 하세요?	092
질문 21	엄마, 제가 엄마보다 나이를 더 먹을 수 있어요?	096
질문 22	내일 아침에 눈을 떴는데 갑자기 어른이 돼 있으면 얼마나 좋을까요?	099
질문 23	왜 혼자 가면 안 돼요?	102

2

제대로 답해줘야 바른 아이로 크는 질문에 현명하게 대답하는 방법
106

질문 24	왜 저 사람들을 눈 병신, 절름발이라고 부르면 안 돼요?	109
질문 25	왜 아빠는 명절에 선물을 해요?	113
질문 26	왜 어른들 말씀에 끼어들면 안 되는데요?	117
질문 27	왜 할아버지 머리를 쓰다듬으면 안돼요?	121
질문 28	사라한테 뽀뽀해줘도 돼요?	125
질문 29	왜 전 엄마 성씨를 안 따르고 아빠 성씨를 따랐어요?	129
질문 30	엄마 부를 때 그냥 이름 불러도 돼요?	133
질문 31	왜 전 막내 이모가 없어요?	137
질문 32	왜 제일 큰 사과는 할머니 드려야 되는데요?	140
질문 33	아줌마는 우리 집 하인이에요?	143
질문 34	왜 다른 사람의 물건을 가져오면 안 돼요?	147
질문 35	아빠는 왜 거지를 안도와 주세요?	151

질문 36	선생님이 시키면 무조건 다 따라야 돼요?	155
질문 37	집 정리 해드렸으니깐 용돈 주실 거죠?	159
질문 38	선생님은 친구들한테 노래 불러준 게 뭐가 나쁘다고 절 혼내신 거예요?	163
질문 39	아빠는 누워서 책 읽으시는데 왜 전 안 돼요?	167
질문 40	공부 안 하는 학교는 없어요?	170
질문 41	왜 친구 앞에서 제 체면을 깎으세요?	174
질문 42	남자는 왜 울면 안 돼요?	178
질문 43	왜 도일이 형이랑 같이 놀러 나가면 안 돼요?	182
질문 44	집으로 친구들 초대해서 같이 놀면 안 돼요?	187
질문 45	애들이 자꾸 괴롭히는데 어떡해요?	191
질문 46	친구가 빌려간 돈을 안 갚으면 어떡해요?	196

3

엄마도 공부해야 하는 질문에
현명하게 대답하는 방법
200

질문 47	왜 이를 쑤시면 안 돼요?	203
질문 48	하품으로도 병이 옮아요?	207
질문 49	왜 전 담배 피고 술 마시면 안 돼요?	210
질문 50	엄마, 채소 안 먹으면 안 돼요?	214
질문 51	달리기하기 싫은데 안 하면 안 돼요?	218
질문 52	제 피부는 왜 이렇게 까매요? 설아는 뽀얗기만 한데	222
질문 53	왜 눈은 안 추워요?	226
질문 54	제가 제 몸을 간질이면 왜 안 웃겨요?	229
질문 55	사람 몸 속에 있는 철은 녹슬지 않아요?	233
질문 56	왜 웃으면서 눈물을 흘려요?	237
질문 57	어떻게, 숨을 안 쉴 수는 없을까요?	240
질문 58	사람은 왜 눈이 두 개밖에 없어요?	243
질문 59	왜 별은 반짝반짝 거려요?	247

질문 60	눈이 오면서 천둥이 치면 나라에 나쁜 일이 생겨요?	250
질문 61	해일은 왜 일어나요?	254
질문 62	언제쯤 돼야 나무가 하늘 끝까지 자라요?	257
질문 63	이렇게 추운데 금붕어가 물 속에 있어요. 춥지 않을까요?	260
질문 64	세상에는 정말로 귀신이 있어요?	263
질문 65	지구의 첫 번째 사람은 어떻게 태어났어요?	266
질문 66	지구는 어떻게 태어났어요?	269
질문 67	외계인이 정말로 있어요?	272
질문 68	세탁기는 어떻게 옷을 깨끗하게 빨 수 있어요?	275
질문 69	싹이 난 감자는 먹으면 안 돼요?	278
질문 70	왜 나무는 봄, 가을에 옮겨 심어요?	281
질문 71	커피를 마시면 왜 정신이 나요?	285
질문 72	진흙도 보석이 될 수 있어요?	288
질문 73	타잔이 도시로 떠났으면 무슨 일을 했을까요?	292
질문 74	왜 파리는 더러운 걸 먹고도 병이 안 나요?	295
질문 75	아빠, 서커스 단원은 어떻게 입으로 사람을 들어올릴 수 있어요?	298
질문 76	집에서 판다 기르면 안 돼요?	302
질문 77	왜 범인을 교도소에 보내요?	306

답을 알아도 답하기 난감한 질문에 현명하게 대처하는 방법 1

1장 | 답을 알아도 답하기 난감한 질문에 현명하게 대처하는 방법

엄마들의 말

○ 대답하기 민망해요. 엄마를 놀리려고 하는 질문 같아요

○ 어디까지 답해줘야 할지 모르겠어요

○ 그냥 얼버무리고 넘어갔으면 좋겠어요

○ 질문한 걸 잊어버렸으면 좋겠어요

엄마가 답하기 난감한 질문일수록 아이는 더 궁금하다.

왜? 모두들 답하기 꺼려하니까!

이런 질문 일수록 아이와 가장 가까운 엄마가 현명하게 답해줘야 아이는 호기심을 해결하며 생각을 넓혀나갈 수 있다.

→ 생각하는 아이로 키우는 엄마의 현명한 대답이 여기에 있다!

질문
01

> 저렇게 많은 의사 선생님들이 배 나온
> 아줌마 둘러싸고 뭐하는 거예요?

어느 날, 성진이는 텔레비전을 보던 중 한 임산부가 출산에 임박해 산통을 겪는 장면을 보게 되었다. 이를 유심히 보던 성진이는 호기심 가득한 표정으로 물었다.

"엄마, 저렇게 많은 의사 선생님들이 배 나온 아줌마 둘러싸고 뭐하는 거예요?"

생명의 탄생에 관한 아이들의 호기심은 어른의 상상을 뛰어넘는다. 특히 영양을 충분히 섭취하고 많은 정보의 혜택을 받고 자란 요즘 아이들은 출생에 대해 아주 기발하고도 엉뚱한 질문들을 많이 쏟아 놓는다.

"저 아줌마는 왜 배가 저렇게 많이 나왔어요?"
"아기 낳을 때 왜 병원에 가야 해요?"
"아줌마는 왜 아기를 낳나요?"
"아기 낳을 때 많이 아파요?"

부모는 이런 질문을 받으면 생명이 탄생하는 이치를 체계적으로 설명해 주어 아이의 이해를 도와야 한다.

"넌 아직 어리니까 몰라도 돼."

왜 아이의 입을 막으려고 하는가? 아이가 출생의 과정을 알아선 안 되고, 또 알 필요도 없다고 생각하기 때문인가? 대답하기 곤란하다고 해서 이런 식으로 무성의하게 답변해서는 안 된다. 이런 식으로 답변하면 생명이 어떻게 탄생하는지, 부모와 자신과의 관계가 얼마나 긴밀한지 알려줄 수 있는 좋은 기회를 놓치게 된다.

"글쎄, 잘 모르겠네."

자녀의 눈에 비친 부모의 모습은 모르는 것이 하나도 없는 만능박사다. 따라서 부모가 모른다고 대답하면 아이는 실망하고 심지어 거절당했다고까지 생각할 수도 있다. 이런 일이 반복되면 아이는 궁금한 것이 있어도 더이상 묻지 않게 된다. 이는 사물에 대한 관심과 흥미를 떨어트리는 결과를 낳는다.

물론 아무리 부모라고 해도 아이들의 모든 질문에 답을 해주기는 어렵다. 그러나 답을 모른다고 해서 "모른다"고 말하는 것으로 끝내면 안 된다. 이럴 땐 답을 찾아보는 태도를 아이에게 보여야 한다. 그러면 아이는 탐구정신을 배우게 될 것이다.

"그건 아줌마가 아기를 낳기 때문이야. 저 아줌마 정말 용감하지 않니? 이제 곧 한 아이의 엄마가 되겠구나."

아이가 출생에 관한 질문을 하면 부모는 거짓말을 하거나 대답을 회피해서는 안 된다. 오히려 이를 교육의 기회로 삼아 생명이 탄생하는 과정과 혈연관계를 설명해주어야 한다. 그러면 아이는 부모를 존경하고 가족을 사랑하는 마음을 가지게 될 것이다.

"아기는 세상에 태어나기 전에 엄마 배 속에 있는 작은 집에서 산단다. 그 집을 '자궁'이라고 해. 그런데 아기가 자궁에서 아홉 달 넘게 살다 보면 몸집이 커져서 그곳이 좁게 느껴져. 그러면 천천히 움직이기 시작하지. 가끔 발로 엄마 배를 콩콩 차면서 말이야. 이렇게 아기는 몸부림을 치면서 어느덧 거꾸로 서게 된단다. 그럼 엄마는 아랫배가 점점 아파오기 시작해. 그건 자궁이 오므라들기 때문인데, 그럴수록 아기는 자궁이 열리는 곳으로 미끄러져 내려와. 그곳을 '자궁문'이라고 부른단다. 이제 엄마는 어떻게 할까? 숨을 꾹 참고 배에 힘을 줘서 이 자궁문을 여는 거야. 그러면 아기는 천천히 자궁문을 나와서 밖으로 미끄러져 내려온단다. 이렇게 아기가 태어나면 '출산' 했다고 하는 거야."

질문 02

> **왜 아빠가 아니라
> 엄마 배 속에서 나왔어요?**

한가한 일요일 오후, 아름이는 엄마가 임신했을 때의 사진을 보고 있었다.

"아름이는 엄마 배 속에서 나왔어. 요기 볼록 나온 배 속에 네가 있었단다."

그러자 아름이는 의아하다는 듯이 엄마에게 물었다.

"왜 아빠가 아니라 엄마 배 속에서 나왔어요?"

자신이 어떻게 이 세상에 태어났는지 잘 모르는 아이들은 대부분 생명의 근원에 관심이 많다. 그리고 조금씩 커갈수록 다리 밑에서 주워왔다는 둥, 황새가 물어다 줬다는 둥 탄생에 관한 이야기를 접하게 된다. 하지만 정확한 과정을 모르기 때문에 엉뚱하고 재미있는 질문을 많이 한다.

"엄마, 전 어떻게 세상에 태어났어요?"

"왜 아빠는 아빠가 절 낳았대요?"
"아기는 태어나기 전에 어디에 있어요?"
"어떻게 아기가 엄마 배 속으로 들어갈 수 있어요?"
"나중에 크면 저도 아기를 낳아요?"

부모는 이 같은 질문에 현명하게 대답하여 아이가 생명의 근원을 잘 이해할 수 있도록 도와주어야 한다.

"여자만 아기를 낳는데 어떻게 아빠가 아기를 낳아? 여태 그것도 몰랐어?"

부모가 이런 식으로 무시하면 아이는 마음의 상처를 입을 수밖에 없다. 또한 어떤 아이는 이런 답변을 성차별적인 발언으로 느낄 수도 있으므로 주의해야 한다.

"크면 저절로 알게 돼."

아이들의 호기심은 오래가지 않는다. 때를 놓치면 더이상 궁금증을 품지도 해결하려 들지도 않는다. 작은 궁금증을 계기로 더 많은 것을 탐구할 기회를 잃어버리게 되는 것이다. 아이를 아무 것도 모르는 사람으로 키울 생각이 아니라면 이런 식의 대답은 삼가야 한다.

"엄마 배 속에는 아이가 자랄 수 있는 자궁이라는 집이 있어. 아빠는 이 자궁이 없어서 아기를 못 낳는단다. 하지만 아빠도 아기가 태어나는 데 큰 도움을 준단다."

엄마는 아이에게 태아가 살 수 있는 조건을 설명해주고, 성(性)에 관한 지식과 개념을 간단하게 심어주는 것이 좋다. 또한 다음과 같이 엄마가 아기를 낳는데 아빠가 매우 중요한 역할을 했다고 말해주어야 한다.

"네가 세상에 태어나기까지는 아빠도 엄마와 똑같은 노력을 했어. 아빠가 없었다면 지금의 너도 없었을 거야."

이런 대답은 아이에게 임신에 관한 올바른 지식을 알려주는 동시에, 아빠에 대한 좋은 감정도 키워준다.

"아기가 만들어지려면 아빠 몸 속에 있는 정자 세포와 엄마 몸 속에 있는 난자 세포가 만나서 합쳐져야 해. 저자가 난자를 만나려면 엄마 몸 속의 자궁이라는 곳에 들어가야 한단다. 이 곳에서 난자를 만난 정자는 서로 몸을 합쳐서 아기로 만들어 질 준비를 시작해. 이렇게 생긴 아기는 자궁 속에서 편안하게 자리를 잡고, 탯줄을 통해 양분을 먹고 무럭무럭 자라다가 아홉달이 지나면 세상 밖으로 나온단다. 너도 그렇게 해서 태어난거야."

질문 03

엄마는 왜 동생을 낳지 않아요?

어느 날, 보람이는 엄마와 함께 공원에 갔다. 엄마가 책을 읽는 동안 보람이는 혼자 모래장난을 치며 놀았다. 그런데 그 옆으로 어느 자매가 와서 재미있게 뛰어놀자 갑자기 부러운 생각이 들었다.
"엄마는 왜 동생을 낳지 않아요?"

요즘 한 자녀를 둔 가정이 점차 많아지다 보니 외로움을 느낀 아이들은 이런 생각을 하게 된다. '나도 동생이 있으면 얼마나 좋을까?'
아이들은 외로움을 해소할 수 있는 방법을 찾기 위해서 부모에게 질문을 던지기도 한다.
"왜 전 동생이 없어요?"
"엄마, 강아지 사주시면 안 돼요?"
"엄마, 다른 애들은 언니가 있는데 왜 전 없어요?"

이럴 때 부모는 아이가 친구가 부족해서 이런 질문을 한다는 사실을 인식해야 한다. 따라서 아이와 자주 놀아주고 대화해야 할 뿐만 아니라, 궁극적으로 아이가 행복한 유년기를 보내며 건강하게 성장할 수 있도록 정상적인 인간관계를 형성하는 데 도움을 주어야 한다.

"안 돼. 너 하나 키우기도 벅찬데 동생까지 낳으면 엄마 아빠는 힘들어서 어떻게 살라고!"

이런 대답을 들으면 아이는 자신이 부모에게 폐를 끼치고 짐이 되는 쓸모없는 존재라고 생각하게 된다. 아이들은 부모의 사랑을 못 받는다고 느끼면 매우 초조해지고 열등감을 갖게 될 뿐 아니라 신체적, 정신적으로도 좋지 않은 영향을 받을 수 있으므로 주의해야 한다.

"엄마 아빠가 매일 너랑 놀아주는데도?"

'전 또래 친구를 원해요. 엄마 아빠는 어른인데 제 또래 친구들처럼 놀아줄 수 있어요? 게다가 매일 바쁘잖아요. 그리고 놀 때에도 우리를 가르치려고만 할 텐데 어떻게 친구가 될 수 있겠어요?
과연 부모가 이런 아이의 마음을 이해할 수 있을까?

"동생이 태어나면 네가 억울한 게 많을 텐데. 장난감도 동생한테 다 양보해야 되고. 그럼 넌 갖고 놀 게 없잖아."

만약 부모가 이렇게 대답해주면 아이는 동생을 낳아달라는 말을 다시는 안 할지도 모른다. 하지만 이는 자녀의 이기심을 키우는 무서운 결과를 낳을 수도 있다. 아이는 더욱더 자기중심적으로 변해 친구를 돌볼 줄 모르고, 함께 나누는 기쁨이 무엇인지도 알지 못한 채 자신을 집안의 왕이라고 생각하게 될 것이다.

"혹시 할머니가 동생 낳아 달라고 조르라고 시키시든?"

설령 고부간의 갈등이 있더라도 그런 불편한 관계를 아이 앞에서 드러내는 것은 좋지 않다. 아이가 할머니와 엄마 사이에서 눈치를 보거나 엄마 편에 서서 할머니를 싫어하게 될 수도 있기 때문이다. 만일 아이가 정말 궁금해서 물은 건지 아니면 어른들이 시킨 것인지 의문이 든다면 누가 시켰냐고 따져 묻기보다는 "어떻게 그런 생각을 하게 됐어?"라고 넌지시 물어보는 것이 좋다.

"동생이 있으면 좋겠니? 하지만 엄마 아빠는 동생을 낳아주기 힘든데, 미안해서 어쩌지? 대신 사촌오빠랑 놀면 안 될까?"

아이가 동생을 갖기 바라는 것은 자연스러운 욕구다. 그런데 부모가 아이의 욕구를 채워줄 수 없다면 미안한 마음을 충분히 표현해 아이의 마음을 달래줄 필요가 있다. 아이가 왜 동생을 낳아달라고 하는지, 아이가 얼마나 외로운지 마음을 충분히 읽어준 다음에 동생을 낳지 않기로 했다는 것을 말해줘도 늦지 않다.

"엄마도 네 동생을 낳아주고 싶어. 하지만 엄마 아빠는 너에게 더 많이 신경 써주고, 좋은 걸 더 많이 가르쳐주고 싶어서 그러지 않기로 했어."

아이가 원하는 것을 왜 들어주지 못하는지, 그 이유를 이해하기 쉽게 설명해주자. 예를 들어 아이를 보다 좋은 가정환경과 교육환경에서 키우기 위해 동생을 낳지 않았다고 말해주면 아이는 이를 이해하고 부모의 결정을 받아들이게 될 것이다. 뿐만 아니라 자신을 사랑하는 부모의 마음을 알고 더욱 만족감을 느낄 것이다.

"형제가 없어서 심심한가 보구나. 그런데 안타깝지만 엄마가 동생을 낳기는 힘들 것 같아. 왜냐하면 엄마 아빠 모두 일을 해야 하니까 아기를 키울 수 없거든. 또 아기를 낳으면 지금처럼 보람이를 잘 돌볼 수 없게 될텐데, 엄마는 그러고 싶지 않아. 엄마 아빠는 우리 보람이에게 모든 사랑을 쏟으며 잘 키우고 싶어. 그러니 너무 서운하게 생각하지 않았으

면 좋겠구나. 그 대신 네가 외롭지 않게 엄마 아빠가 좀 더 열심히 놀아 줄게."

질문 04

> **왜 태어날 때
> 순간이 하나도 기억 안 나요?**

　어느 날, 도현이는 엄마가 주방에서 맛있는 저녁식사를 준비하는 동안 거실에서 텔레비전을 보고 있었다. 그때 텔레비전에서 아기가 태어나는 장면이 나왔다. 도현이는 신기한 듯 부엌으로 달려와 엄마에게 말했다.
　"엄마, 전 왜 태어날 때 순간이 하나도 기억 안 나요?"

　많은 아이들이 이런 질문을 한다. 그도 그럴 것이 일정한 나이가 되면 이와 관련된 호기심이 왕성하게 일어나기 때문이다.
　"배 속에 있는 아이가 밖으로 나가야 한다는 걸 어떻게 알았을까요?"
　"갓난아기는 왜 말을 못해요?"
　"아기는 왜 울기만 해요?"

　부모는 아이의 이런 질문을 절대로 비웃거나 이상하게 생각해서는 안 된다. 오히려 이 기회를 통해 생명이 만들어지고 성장하는 과정을 정확히 이해시켜 주어야 한다. 부모가 아이의 수준에 맞추어 바르게 대답해주면 아이는 생명의 탄생과 성장 과정에 관한 지식을 과학적으로 인식하게 된다.

"자기가 태어나던 순간을 기억하는 사람이 어디 있니?"

이렇게 대답하기 전에, 사람은 왜 태어나는 순간을 기억 못하는지 생각해 보았는가? 현명한 부모는 어떤 상황에서도 자녀에게 지식을 알려줄 수 있는 기회를 놓치지 않으며, 아이의 호기심을 꺾지 않는다. 만약 이번 질문을 계기로 아이에게 생명의 탄생과 성장 과정에 관한 교육을 할 수 있다면 얼마나 좋을까! 부모는 아이가 무슨 질문을 하든지 성실, 또 성실하게 대답해 주어야 한다.

"네가 막 태어났을 때 얼마나 못생겼었는데. 얼굴이 꼭 쭈글쭈글한 할아버지 같았어."

이런 대답은 아이의 여린 마음에 '난 못생겼어!'와 같은 열등감을 심어줄 수 있다. 이렇듯 아이의 궁금증을 풀어주지 않고 재미로 받아넘기면 자칫 아이에게 상처를 줄 수도 있다는 사실을 기억하자.

"글쎄, 엄마도 생각이 잘 안 나네. 그럼 사람은 왜 태어나던 순간을 기억 못하는지 엄마랑 같이 인터넷에서 찾아볼까?"

미국영재교육협회 회장을 지낸 빅터 고어츨에 따르면 아이를 세계적 인물로 키워낸 부모들은 모두 공부를 좋아했다고 한다. 명사들의 부모 중 공부를 싫어한 사람은 10%도 되지 않았다는 것이다.

부모가 아이의 질문에 대한 답을 알지 못하는 것은 결코 부끄러운 일이 아니다. 부모라고 해서 세상 모든 일을 알 수는 없기 때문이다.

그러나 모르는 것을 그냥 지나치는 습관은 부끄러워해야 한다. 탐구심 없는 부모는 아이를 아무 것도 모르는 사람으로 키울 수 있기 때문이다.

따라서 답을 모르는 경우에는 솔직히 모른다고 말하되, 부모도 호기심을 나타내는 것이 좋다. 나도 궁금하다고 하면서 함께 책이나 인터넷을 찾아보자고 하는 것이다. 그러면 아이는 호기심을 갖는 것을 긍정적으로 여기게 될 뿐 아니라 궁금증을 해결할 수 있는 방법까지 알게 될 것이다.

"태어날 때 어땠는지 기억하지 못하는 사람은 너뿐만이 아니야. 다른 사람들도 다 그렇대. 왜 그런지는 아직까지 정확하게 밝혀지지 않았지만 과학자들이 몇 가지 이유를 들었단다. 첫째로는, 아이의 뇌는 일곱 살이 돼야 다 자란다는 거야. 그래서 그 이전에는 무슨 일이 있었는지 잘 기억하지 못한대. 둘째로는, 말이 기억력을 높여주기 때문이래. 무슨 일을 오랫동안 기억하려면 말로 얘기를 해봐야 된다는 거야. 그런데 아기는 말을 못하니까 태어날 때 상황도 기억을 못하는 거지. 마지막으로 세 번째는, 그때의 기억이 완전히 잊힌 게 아니라 우리의 뇌 속 어딘가에 남아 있을지도 모른대. 물론 이 세 가지 이유가 모두 맞는 건 아니란다. 그래서 아직도 과학자들이 열심히 연구를 하고 있지."

아빠는 수염이 나는데 왜 전 안 나요?

　민근이는 매일 아침 아빠와 함께 유치원에 간다. 오늘도 아침 일찍 일어나 유치원에 갈 준비를 서둘러 마쳤다. 하지만 아빠는 그때까지도 여전히 화장실에서 수염을 깎고 있었다. 민근이는 그런 아빠의 모습이 신기해 가까이 다가가 얼굴을 어루만지며 말했다.
　"아빠는 수염이 나는데 왜 전 안 나요?"

　아이들은 하루가 다르게 쑥쑥 자란다. 그러면서 점점 신체에 관심을 갖게 되고, 그러다가 자신과 다른 사람의 몸에서 차이점을 발견하면 호기심에 가득 차서 이렇게 질문한다.
　"아빠 목에는 왜 작은 상처들이 많아요?"
　"아빠는 왜 저한테 젖을 안 주세요?"
　"왜 오빠는 서서 오줌을 눠요?"
　"엄마는 왜 고추가 없어요?"

부모는 이런 질문을 받으면 아이가 자기 성별의 특징을 이해할 수 있도록 도와주어야 한다. 인내심을 갖고 남자와 여자 그리고 어른과 어린이의 차이를 정확하게 설명해주자.

"어린애가 그런 건 왜 묻니?"

아이에게 사실을 말해주면 안 될 이유라도 있는가? 대답해주지는 못할망정 혼내기까지 하는 부모의 태도는 아이를 위축하게 만든다. 부모라는 존재는 성장하는 아이에게 인생의 나침반과도 같다. 질문하는 것을 쓸 데 없는 행동으로 취급하면 아이는 더이상 질문하지 않는 아이가 될 것이다.

"당연히 아빠는 어른이니까 수염이 나고 넌 아직 어리니까 안 나지."

그럴싸한 대답이다. 하지만 과연 적절한 답변이라고 할 수 있을까? 절대 그렇지 않다. 이 대답대로라면 여자 아이도 자라면 아빠처럼 수염이 나야 한다. 부모가 논리적으로 대답해주지 못하면 아이는 사실을 오해할 뿐만 아니라, 남성의 특별한 상징인 수염을 정확히 인식하는 데 어려움을 갖게 된다. 아울러 아이에게 올바른 성(性)심리 교육을 할 수도 없다. 이는 부모로서 임무를 소홀히 하는 것이다.

"아빠처럼 굵고 뻣뻣한 수염은 보통 남자들한테만 있는 거야. 하지만 아빠도 너처럼 어린 꼬마였을 땐 수염이 없었단다. 그런데 조금씩 자라다 보니까 몸에서 '남성 호르몬'이란 것이 만들어지기 시작했지. 이 남성 호르몬이 얼굴에 수염을 나게 해서 아빠를 진정한 남자로 변신시켜 줬어. 너도 나중에 크면 아빠처럼 수염이 날 거야."

부모는 아이가 이해할 수 있도록 성별에 관한 기본 상식에 자신의 경험을 덧붙여 쉬우면서도 과학적으로 설명해줘야 한다. 단, 설명을 할 때에는 아이가 지나친 호기심으로 신비감을 갖지 않도록 진솔하고 자연스럽게 말해줘야 한다.

"아빠가 수염이 나는 건 남자 어른이기 때문이야. 아빠도 너만 했을 땐 수염이 없었지. 그런데 열세 살에서 열네 살 정도가 되면서 몸에 여러가지 변화가 생겼어. 몸에 근육이 생기고 수염도 나고 목소리도 굵어졌단다. 청소년이 되어 몸에 남성호르몬이 흐르기 시작했기 때문이지. 남성호르몬이 뭐냐고? 남자를 남자답게 만드는 물질이야. 누구나 청소년이 되어 남성호르몬이 흐르면 수염이 나고, 목소리가 굵어지고, 또 근육이 발달하게 돼. 하지만 여자 몸에는 남성호르몬이 거의 없어. 그래서 여자

들은 아무리 어른이 돼도 절대로 남자들처럼 수염이 나질 않는단다. 이렇게 남성호르몬은 남자를 남자답게, 또 여성호르몬은 여자를 여자답게 만들어줘. 너도 어른이 되면 아빠처럼 수염이 날 거야. 그땐 이렇게 거품을 써서 수염을 맘껏 깎아볼 수 있겠지?"

질문
06

왜 전
남자(여자)예요?

민환이는 어느덧 훌쩍 자라 유치원에 갈 나이가 되었다. 그러자 엄마는 민환이에게 성별을 알려주기 위해서 말문을 열었다.
"민환아, 넌 남자야. 알았지?"
하지만 민환이는 의아하다는 듯 엄마에게 반문했다.
"왜 전 남자예요?"

일반적으로, 아이가 유아기에 들어서면 성별을 구별하고 이성을 인식할 수 있다. 그러나 그 수준이 아직 초기단계이기 때문에 가끔씩 자신의 성별을 잘 구분하지 못하는 것은 물론이요, 다른 사람도 누가 남자이고 여자인지 구별하지 못할 때가 많다. 그래서 이런 질문을 하기도 한다.
"엄마는 남자예요, 여자예요?"
"왜 형을 누나라고 부르면 안 돼요?
"저도 나중에 크면 남자로 변할 수 있어요?"

유년기 아동은 '난 남자야', '난 여자야' 같은 성별에 대한 개념이 아직 확실하게 자리 잡혀 있지 않다. 따라서 부모는 이 시기에 아이가 남자와 여자의 차이를 잘 이해할 수 있도록 정확한 지도를 해주어야 한다. 우선 아이가 남자인지 여자인지 확실하게 말해주자.

아빠와 엄마의 행동이 아이가 성별을 인식하는 데 직접적인 영향을 미친다는 사실을 늘 염두에 두자.

"그야 태어날 때부터 남자였으니까 그렇지."

이 대답을 들으면 아이는 자신이 남자임을 분명하게 알 것이다. 하지만 왜 남자인지에 관한 충분한 설명이 없어 아이의 궁금증을 딱 잘라버리는 결과를 낳고 만다.

"그러게. 엄마도 네가 여자애였으면 좋겠는데 하필이면 남자애구나."

이렇게 대답하면 아이는 엄마가 여자아이를 좋아하고 남자아이는 싫어한다고 생각하게 된다. 그래서 여자아이를 질투하거나 자신이 남자라는 사실에 열등감을 느낄 수 있다.

"이 질문에 대답하기 전에 엄마가 먼저 이야기를 하나 해줄게. 네가 태어나기 전에 엄마와 아빠의 몸에는 아기를 만들 수 있는 세포가 있었어. 엄마 건 하나밖에 없는데 '난자'라고 부르고, 아빠 건 '정자'라고 부르는데 굉장히 많아. 정자에는 여자 정자도 있고 남자 정자도 있는데, 서로서로 누가 빨리 난자를 찾나 시합을 벌이게 돼. 그때 남자아기 정자가 일등을 차지하면서 엄마의 난자와 하나로 합쳐져 탄생한 게 바로 너야. 그래서 넌 남자아이로 태어난 거고. 그러니 네가 얼마나 대단한 사람이니?"

최고의 답변이다. 성별이 결정되는 이론을 아이의 이해력 수준에 맞춰 너무 어렵지 않게 설명해주었기 때문이다.

"엄마와 아빠의 몸에는 아기를 만들 수 있는 세포가 있단다. 우선 엄마한테는 '난자'라는 세포가 있어. 이건 엄마 몸에 딱 하나밖에 없는 거야. 그리고 아빠한테는 '정자'라는 세포가 있어. 이건 엄청나게 많지. 그런데 신기하게도 말이야, 이 정자에는 남자아기 정자도 있고, 여자아기 정자도 있단다. 그래서 엄마랑 아빠가 서로 사랑을 나눴을 때 남자아기 정자가 먼저 난자를 만나면 남자아기가 되고, 반대로 여자아기 정자가 먼저 난자를 만나면 여자아기가 되는 거야. 이때 가장 튼튼하고 날쌘 정자만이 하나뿐인 난자를 만날 수 있단다. 넌 남자니까 남자아기 정자가 먼저 난자를 만났나보다, 그렇지? 그리고 이 난자와 정자에는 '염색체'라는 것이 있어. 염색체는 꼭 야구방망이처럼 생겼는데, 여기에는 엄마 아빠에게 물려받은 여러 가지 특징들이 모두 담겨있어. 너도 이걸 물려받았기 때문에 밖에 나가면 엄마 아빠랑 붕어빵이란 소릴 듣는 거야. 어때. 신기하지? 염색체가 어떻게 생겼는지 함께 책을 찾아볼까?"

왜 전 치마를 입으면 안 돼요?

　어느 날, 윤상이의 엄마는 옷장에서 예쁜 치마를 꺼내 딸아이에게 입히려고 했다. 그런데 아까부터 여동생을 부러운 듯 바라보던 윤상이가 자기도 치마를 입혀달라고 졸라댔다. 엄마가 남자는 치마를 입으면 안 된다고 말해주자 윤상이는 이상하다는 듯이 엄마에게 질문했다.
　"왜 전 치마를 입으면 안 돼요?"

　아이들은 성심리가 발달하는 과정에서 이성의 성향을 고집하는 행동을 보이며 가끔 이런 질문들을 한다.
　"왜 전 뾰족구두를 신으면 안 돼요?"
　"왜 전 머리핀을 꽂으면 안 돼요?"

　유아기 아동은 아직 성별에 대한 인식이 확실하지 않으므로 위와 같은 질문을 하는 것은 지극히 정상이다.

"못 입는다면 못 입는 줄 알지 왜가 어디 있어!"

아이의 질문에 정확한 대답을 해주기는커녕 궁금증을 해결해 주지도 않고 이렇게 면박을 주면 아이는 자신감을 잃고 소극적인 아이가 되기 쉽다.

"남자가 치마를 입다니, 넌 창피하지도 않니?"

아이는 분명 왜 치마를 입으면 안 되느냐고 물었다. 그런데 이렇게 수치심이 들도록 반응하면 아이는 반항심을 갖게 된다. 최악의 경우에는 아이가 성역할을 잘못 인식하여 남자아이가 여성의, 또 여자아이가 남성의 성향을 가질 수도 있다.

"네가 여자라면 치마를 입혀줬을 거야."

너무 어릴 적부터 남녀를 분명하게 구분해 성별에 어울리는 옷을 입도록 강요하면 자칫 성역할에 대한 고정관념을 심어줄 수도 있다. 또한 자신이 남자라서 치마를 못 입는다는 사실에 불만을 느끼고 이성의 복장에 더 관심을 갖게 될 수도 있으므로 너무 과민하게 반응하지 않도록 해야 한다.

"치마 입고 싶니? 그럼 입어볼까? 바지를 입었을 때와 어떻게 다른지 말해 봐. 그리고 다른 사람들은 무슨 옷을 입었는지 관찰해볼까?"

한번 아이에게 치마를 입혀줘 보자. 일단 호기심을 만족시켜준 다음 거울 앞으로 데려가 자신의 모습을 살펴보게 한 뒤, 다른 사람들의 옷차림을 관찰해보게 한다. 그러면서 사람들이 옷을 왜 입는지, 어떻게 입어야 제대로 입는 것인지 또 옷을 잘못 입으면 안 되는 이유는 뭔지 이야기를 나눠보자.

"남자와 여자의 옷은 서로 다르단다. 물론 아주 옛날에는 남자가 치마를 입고 다니던 시절도 있었지. 그런데 지금은 그럴지가 않잖아. 언젠가부터 남자들은 바지만 입기 시작했고, 여자들도 밖에 나가서 일을 많이 하게 되면서부터는 좀 더 편하게 일하기 위해서 치마와 함께 바지도 입게 되었어. 그래서 사람들은 '바지는 남자 여자 다 입을 수 있는 옷, 치마는 여자만 입는 옷'이라고 생각하게 되었어. 그래서 언제부턴가 남자들은 치마를 입지 않게 됐어. 물론 다른 사람 보기 좋으라고 옷을 입는 건 아니지만 때와 장소에 알맞게 옷을 입을 필요는 있지. 학교 갈 때 잠옷을 입거나 여름에 털옷을 입으면 불편하고, 반대로 옷을 상황에 맞게 잘 입

으면 굉장히 멋있어 보이잖아. 그러니까 옷을 입을 때는 내가 남자인지 여자인지, 지금이 어느 계절인지, 어떤 장소인지 생각하면서 입으면 훨씬 멋지게 입을 수 있을 거야."

질문 08

> 친구네 집에는 자동차가 있는데
> 왜 우리 집에는 없어요?

  태경이와 성현이는 서로 이웃에 사는 친구 사이다. 매일 아침 태경이는 아빠 차를 타고, 성현이는 아빠 자전거를 타고 유치원에 간다. 가끔은 성현이가 태경이네 차를 타고 가기도 한다. 어느 날 아침, 아빠 자전거를 타고 유치원에 가던 성현이는 태경이가 차에서 내리는 모습을 보고 부러운 마음에 아빠에게 말했다.
  "아빠, 태경이네는 차가 있는데 왜 우리 집에는 없어요? 왜 우리는 차 안 사요?"

  사회에는 빈부의 격차가 엄연히 존재한다. 하지만 유년기 아동은 이점을 잘 이해하지 못하기 때문에 부자와 가난한 사람의 차이점을 발견하면 이런 질문을 한다.
  "엄마, 옆집 아저씨가 우리 집 주인이에요?"
  "우리 집은 왜 보아네 집보다 작아요?"

"아빠는 왜 사장님이 아니에요?"

우리가 사는 사회는 자본주의 사회이므로 빈부의 격차가 나는 것이 사실이다. 따라서 부모는 이런 질문을 받으면 아이에게 사회의 특징을 잘 설명해 주는 것이 좋다. 사회에 잘 적응하고 적극적으로 인생의 목표를 실현할 수 있도록 지도해주어야 한다.

"우리 집이 가난해서 그런 걸 어떡하겠니."

숙명론적인 설명은 아이의 적극성을 떨어트리고, 노력으로 성공할 수 있다는 사실을 이해하지 못하게 만든다. 부모가 먼저 긍정적인 마음으로 빈부의 차이를 받아들여야 아이에게도 긍정적인 사고와 적극적인 생활태도를 심어줄 수 있다.

"흥! 벼락부자가 뭐 그리 대단하니!"

엄마가 이런 식의 부정적인 시각을 가지면 아이는 타인을 본받기는커녕 시샘하거나 빈정거리는 태도를 갖게 된다. 자신의 목표를 적극적으로 실현하려는 의욕을 잃고, 심하게는 극단적인 방법으로 심리적인 안정을 얻으려 할 수도 있다.

"아빠도 자동차를 갖고 싶지. 우리 가족이 더 편하게 살 수 있도록 말이야. 그래서 지금 이렇게 열심히 일하고 있잖아. 태경이네 부모님도 열심히 일했기 때문에 차를 살 수 있었을 거야. 그러니까 우리도 부러워하지만 말고 열심히 일하고 공부하자. 모두가 열심히 노력만 한다면 우리도 지금보다 더 잘 살게 될 거야."

내 아이를 남보다 똑똑하고 훌륭하게 키우고 싶다면 단순한 사실을 가르치는데 만족하지 말고 더 넓고 크게 세상을 보는 안목을 키워줄 필요가 있다. 친구네 집은 차가 있는데 왜 우리 집은 차가 없냐는 질문에 대해서 그냥 우리 집이 더 가난하기 때문이라고 대답하는 데 그치지 않고 친구네 집은 어떻게 해서 부자가 되었는지, 빈부의 차이는 왜 생기는지 나아가 반드시 부자가 되어야 행복해질 수 있는지 함께 생각해 본다면 아이에게 매우 유익한 공부가 될 수 있다.

"세상 사람들은 제각각 다른 모습으로 살고 있단다. 회사에 사장이 있으면 그 아래에서 일하는 부하직원이 있고, 부자인 사람이 있는가 하면 돈을 구걸하며 사는 사람도 있어. 또 어떤 사람은 차를 몰고 다니는 반면 자전거를 타고 다니는 사람들도 있어. 모든 사람이 다 같을 수는 없는

거니까. 하지만 열심히 노력만 하면 상황은 얼마든지 달라질 수 있단다. 부지런히 일하고 아끼면 누구나 돈을 벌 수 있는 세상이니까. 우리도 자동차를 사려면 그만큼 돈을 모아야해. 지금 아빠가 열심히 일하고 있으니까 알뜰히 절약해서 저축을 많이 하면 언젠가는 차를 살 수 있을 거야. 그러면 그땐 너도 아빠 차를 타고 신나게 학교에 갈 수 있겠지. 넌 열심히 공부하고, 아빠랑 엄마는 열심히 일하고, 우리 이렇게 같이 노력하자."

왜 아빠랑 결혼했어요?

　어느 일요일, 보람이의 엄마는 남편과 결혼식을 올리던 날의 녹화 테이프를 돌려보고 있었다. 잠시 후, 보람이도 곁에 앉아 엄마 아빠의 결혼식 장면을 흥미롭게 지켜보고 있었다. 그런데 갑자기 고개를 돌리더니 궁금하다는 듯 엄마에게 질문했다.
　"엄마는 왜 아빠랑 결혼했어요?"

　한 가정이 형성되려면 결혼이라는 과정을 거쳐야 한다. 이런 어른들의 결혼문제에 아이들은 보통 별 관심이 없는데, 어쩌다 외부환경의 자극을 받게 되면 많은 궁금증이 생겨난다.
　"결혼이 뭐예요?"
　"(이모가 얼마 전에 결혼했을 경우) 이모는 왜 이제 다른 사람 집에서 살아요?"

배우자 선택, 연애, 결혼 등 다방면에 걸쳐 설명이 필요한 복잡한 문제이므로, 부모는 아이가 이해할 수 있도록 눈높이를 최대한 낮춰서 설명해 주어야 한다.

"글쎄. 어떻게 하다보니깐 결혼하게 됐어."

대답해주기가 곤란하다고 아이의 질문을 얼렁뚱땅 넘기는 것은 무책임한 행동이다. 이러면 아이는 자신의 가정을 하찮게 여기거나 부부가 서로 맡은 바 책임을 지지 않아도 된다는 착각을 할 수도 있다.

"왜긴 왜야. 아빠한테 속아서 결혼했지."

이렇게 대답해주면 아이는 아빠를 거짓말쟁이라고 생각하며 미워할지도 모른다. 더욱이 부모의 결혼을 비극으로 간주하고 자신의 처지를 불행하게 여기게 될 수도 있다.

"엄마랑 아빠랑 서로 너무나 사랑했거든. 그래서 영원히 함께 살고 싶어 결혼했지."

부모가 꾸린 가정의 행복을 반드시 아이가 함께 나눌 수 있도록 해야 한다. 따라서 결혼은 사랑의 결정체이며 엄마 아빠는 서로 너무나 사랑해서 결혼했다고 말해주자. 이런 답변은 아이가 어릴 때부터 올바른 애정관과 결혼관을 갖도록 하는데 도움이 된다.

"사람이 어른이 되면 사랑하는 사람을 알아볼 수 있어. 그런 사람을 만나면 어떤 마음이 드는지 아니? 영원히 함께 살고 싶은 마음이 가슴 속에서 막 솟아나. 서로 떨어져 있으면 너무나 보고 싶고, 항상 같이 있고 싶고 뭐든지 함께 하고 싶게 돼. 아무리 힘든 일이 있더라도 말이야. 그리고 그 사람을 위해 맛있는 밥도 해주고, 편히 쉴 수 있는 집도 가꾸고, 그 사람을 닮은 아기도 낳고 싶어진단다. 그래서 결혼을 하는 거야. 이렇게 결혼은 사랑을 더욱 아름답게 가꾸어 준단다."

질문 10

엄마랑 아빠랑 왜 헤어져요?

일요일 아침, 용민이의 엄마가 곤히 잠들어 있는 아이를 깨우며 말했다.
"용민아, 일어나. 아빠 가시는데 인사해야지. 이제 용민이는 엄마랑 살 거야. 엄마랑 아빠랑 헤어져서 아빠는 이제 우리 집에 안 계실 거니까. 어서 아빠한테 작별인사 드려."
용민이는 눈을 말똥말똥 뜨며 이상하다는 듯 엄마에게 물었다.
"엄마랑 아빠랑 왜 헤어져요?"

부모의 이혼은 아이에게 큰 충격과 상처를 주며, 일생에 거쳐 영향을 미친다. 그래서 아이들은 대중매체와 실생활의 사례를 통해 이혼을 접한 뒤, 부모가 이혼할까봐 두려워하며 자주 이런 질문들을 한다.
"엄마랑 아빠는 왜 매일 싸워요? 이혼할 거예요?"
"아빠가 엄마랑 제가 싫대요?"

부모는 아이에게 안정감을 주어야 할 책임이 있다. 그렇다면 겁먹은 얼굴로 질문을 하는 아이의 눈을 보며 부모는 어떻게 대답해줘야 할까? 과연 어떻게 말해야 아이가 상처를 덜 받을 수 있을까?

"아빠가 우리랑 살기 싫대."

엄마가 울면 아이는 무력감과 두려움을 느끼고 걱정을 한다. 이는 아이에게 큰 상처가 되어 일생 동안 부정적인 영향을 미칠 것이다.

"네 아빠는 인간도 아니야. 우리를 배신하고 버렸잖니!"

아이 앞에서 배우자를 헐뜯으면 아이는 그 사람에게 원한을 느끼게 된다. 또한 세상을 부정적으로 보게 되고, 심지어 마음의 병을 일으킬 수도 있다.

"아빠랑 엄마는 사랑하면서 살고 싶었지만 자꾸 싸우게 되어서 너무 힘들었어. 그래도 헤어지지는 않으려고 정말 많이 노력했는데, 도저히 안 되어서 헤어지기로 했어. "아빠랑 엄마가 헤어지려는 건 지금처럼

서로 힘들지 않고 더 잘 살기 위해서야. 하지만 엄마나 아빠나 널 사랑하는 마음에는 변함이 없단다. 넌 언제나 우리가 가장 사랑하는 사람이야니까."

부모의 이혼은 아이에게 매우 두려운 일이다. 다시는 예전처럼 행복하게 살 수 없으리라는 불안감을 안겨주기 때문이다. 이런 우려를 없애기 위해서는 불행한 결혼생활을 끝내고 다시 새로운 삶을 시작하기 위해 헤어지는 것이라고 말하는 것이 좋다. 하지만 동시에 부모가 얼마나 힘들었는지, 결혼생활을 지키기 위해 얼마나 노력했는지 말해줘야 한다. 그렇지 않으면 아이는 이혼을 너무 쉽게 생각하게 될 수도 있다. 또한 이혼을 하더라도 언제나 아이를 사랑할 것이라고 말해주도록 한다.

"결혼을 해서 함께 살다보면 마음이 맞지 않는 경우가 있어. 그럴땐 서로 양보하고 더 많이 노력해야 하는데, 아무리 노력해도 사이가 좋아지지 않고 괴로우면 헤어지기도 해. 엄마 아빠가 헤어지는 건 엄마 아빠가 잘못했기 때문이지 너 때문이 아냐. 그리고 비록 이혼을 하더라도 엄마 아빠는 예전과 똑같이 널 키워주고, 영원히 사랑할 거야. 너와의 관계에는 조금도 변함이 없을 테니까 두려워하지 않아도 돼. 알았지?"

질문
11

> **아빠, 그 여자
> 친구랑 안 만나면 안 돼요?**

슬비의 부모는 이혼을 했다. 그리고 일 년 뒤, 슬비의 아빠는 지인의 소개로 한 여성과 좋은 감정을 키우기 시작했고, 그 때문에 슬비와 많은 시간을 보낼 수 없었다. 한편 슬비의 친구 중에는 자신과 처지가 똑같은 영현이라는 아이가 있었다. 최근 영현이의 아빠는 재혼을 했는데 새엄마한테 자주 야단을 맞아서 영현이의 얼굴에 눈물이 마를 날이 없었다. 그런 영현이를 위로해주며 덩달아 눈물을 자주 흘렸던 슬비는 아빠가 새 여자 친구와 결혼이라도 덜컥 해 버릴까봐 무척 두려웠다. 그래서 어느 날에는 밤늦도록 자지 않고 아빠가 데이트를 마치고 돌아올 때까지 기다렸다.

"아빠, 그 여자 친구랑 안 만나면 안 돼요?"

슬비의 말에 아빠는 씁쓸한 마음으로 담배를 꺼내 물었다.

부모의 이혼과 재혼은 아이의 여린 마음에 어두운 그림자를 드리우는 일이다. 부모가 재혼을 선택할 때 아이는 눈물로써 무기력함을 표현하는 것 외에도, 초조함과 두려움이 앞서 이런 걱정 어린 질문들을 많이 한다.

"새엄마 없이 살면 안 돼요?"
"새 아빠가 절 좋아할까요?"

새로운 사랑으로 새 가정을 꾸리는 것은 이혼 가정이 다시 행복해질 수 있는 길이다. 하지만 아이의 입장도 매우 중요하므로 절대로 아이의 감정을 소홀히 여겨서는 안 된다.

"왜 그래야 하니? 나 혼자서 너 키우기가 얼마나 힘든지 알아?"

부모에게는 물론 새로운 생활을 선택할 수 있는 권리가 있다. 하지만 아무리 그렇다고 해도 마음속의 불평을 이런 식으로 표출하며 아이를 꾸짖어서는 안 된다. 아이와 의사소통을 하기 위해서는 아이의 마음을 이해해줘야 한다. 아이가 오해하여 극단적인 행동을 하지 않도록 아이의 감정을 소중히 다루어주자.

"좋아. 네 말대로 여자 친구랑 안 만날게."

이혼 가정의 아이가 아빠(엄마)가 재혼할까봐 걱정하는 것은 자연스러운 현상이다. 그러나 죄책감 때문에 무조건 아이의 의견을 따르거나, 상황을 모면하려는 거짓말은 오히려 아이의 마음에 상처를 입히게 된다. 부모는 재혼 문제로 조급해하거나 자책하지 말고 적극적이고 건강한 마음으로 아이를 설득해야 한다.

"아빠는 네게 새엄마를 찾아주려는 거야. 아빠가 새로운 삶을 시작하면 널 더 즐겁게 보살필 수 있을 텐데, 그래도 싫으니?"

아이에게 필요한 것은 완전한 사랑이다. 따라서 재혼을 고려할 때에는 새로운 가정이 아이에게 안정감을 줄 수 있을지 잘 생각해봐야 한다. 만약 충분히 그럴 수 있다고 판단되면 재혼을 하더라도 생활에는 큰 변화가 없을 것이라고 말해주고, 새엄마를 따르라고 강요하지 말아야 한다. 마찬가지로 실제 재혼을 한 뒤라도 아이에게 부인을 "엄마"라고 부르라고 시키거나, 반대로 새로 맞은 부인에게 자신의 아이를 사랑하라고 강요해서는 안 된다. 이럴 때에는 시간을 갖고 아이와 새엄마가 서로 존중하며 지내도록 도와주어야 한다. 부모는 자신의 삶에 신념이 있어야 한다. 부모가 즐거워야 아이도 행복하고 즐거울 수 있다는 사실을 반드시 기억하자!

"아빠와 엄마는 둘 사이에 너무나 많은 문제들이 생겨서 이혼을 했지만, 그래도 넌 여전히 내가 가장 사랑하는 아이야. 아빠가 여자 친구와 데이트를 하는 건 다시 결혼해서 네게 좋은 엄마를 만들어주려는 거고. 그러니 아빠를 더 많이 이해해주고 응원해다오. 그래야 행복한 새 가정을 꾸릴 수 있을 테니까."

질문 12

아빠도 병이 나요?

송이 아빠는 며칠 째 아파서 몸져누워 있었다. 그런데 송이의 눈에는 이런 아빠의 모습이 이상하기만 했다. 절대로 안 아플 것만 같던 아빠가 병원에서 약을 지어 먹다니, 결국 송이는 너무나 궁금해서 엄마에게 물었다.
"엄마, 아빠도 병이 나요?"

사람은 누구나 병이 날 수 있다. 하지만 아이의 눈에 비친 부모의 모습은 못하는 것도 없고, 아픈 곳도 없는 신기한 슈퍼맨이기 때문에 의외의 모습을 발견하면 이런 질문을 한다.
"엄마도 모르는 게 있어요?"
"아빠도 회충약을 먹어요?"

아이가 이처럼 부모의 '참모습'을 보고 의아해할 때 부모는 인간의 자연스러운 특성을 바르게 가르쳐주고, 건강한 인생관과 인지 개념을 키워주어야 한다.

"그럼. 하지만 네가 얌전히 있으면 아빠는 화가 안 나서 병이 금세 나으실 거야."

이번 일을 계기로 아이가 말을 잘 듣도록 교육시키자는 취지는 좋다. 하지만 아빠가 병이 난 것이 어디 아이 잘못이던가. 이렇게 되면 아이는 쓸데 없이 죄책감을 갖고 정상적인 행동도 자제하게 되어 점점 소심해지고 위축될 수 있다.

"아빠는 아프면 안 돼? 아빠도 사람이야."

부모가 자신의 감정을 잘 조절하지 못하고 차가운 말과 행동을 하면 아이는 상처를 받는다. 그 결과 아이의 마음속에는 부모에 대한 혐오감과 거부감이 싹틀 수도 있다.

"사람은 누구나 아플 수 있단다. 아빠도 마찬가지야. 단지 아빠가 평상시에 건강관리를 잘해서 아픈 적이 별로 없었을 뿐이지. 건강하려면 평소에 운동을 열심히 해야 돼. 지금은 아빠가 아프지만 원래 건강하니까 금세 나으실 거야."

부모가 아픈 모습을 통해 아이는 사람은 누구나 아플 수 있다는 사실을 배우게 된다. 그러므로 이를 기회 삼아 아이에게 운동의 중요성을 강조하고 바른 건강관리법을 알려주자.

"그럼, 사람은 누구나 병이 날 수 있어. 어른이고 아이고 할 것 없이 말이야. 하지만 평소 운동을 열심히 하고, 음식도 골고루 먹으면 면역기능이 좋아져 병에 잘 안 걸린단다. 면역기능이 뭔가 하면, 바로 우리 몸에 병균이 침입했을 때 싸워서 이길 수 있는 힘을 말하는데, 평소에 건강을 돌보지 않으면 면역기능이 떨어져서 병에 잘 걸려. 아무래도 이번에는 아빠가 회사일로 무리해서 병이 나신 것 같아. 하지만 너무 걱정하지는 마. 아빠는 원래 건강을 잘 챙기셨던 분이니 며칠간 약 먹으면서 푹 쉬고 나면 다시 예전처럼 건강해지실 거야."

질문 13

> 66
>
> ## 할아버지는 왜 돌아가셨어요?
>
> 99

어느 추운 겨울 날, 몸이 편찮아 병원에 입원했던 아영이의 할아버지는 끝내 돌아가시고 말았다. 온 가족이 슬픔에 잠긴 가운데 엄마는 아영이를 데리고 병원에 가 할아버지의 마지막 모습을 보여주었다. 그러자 아영이는 호기심 어린 눈빛으로 엄마에게 질문했다.
"엄마, 할아버지는 왜 돌아가셨어요?"

유년기 아동은 대부분 죽음이 무엇인지 어느 정도는 이해하고 있다. 그래서 상황에 따라 각기 다른 반응을 보인다. 예를 들어, 집에서 기르던 애완동물이 죽거나 텔레비전에서 슬픈 장면이 나왔을 때, 또는 사랑하는 가족이 먼저 세상을 떠났을 때에는 매우 슬퍼하며 이런 질문들을 한다.
"강아지는 왜 죽었어요?"
"저 기계의 숫자가 더는 안 움직이면 아줌마가 죽는 건가요?"

상황이 어찌됐든 아이에게 죽음을 설명하기란 무척 어려운 일이다. 물론 신속히 대답해주기란 더더욱 힘들다. 하지만 이럴 때일수록 아이를 위로해주고, 아이가 어떤 생각을 하는지 들어봐야 한다. 뿐만 아니라 가족의 슬픔을 함께 나누어야 서로가 더욱 친밀해지고 강해질 수 있다고 말해줘야 한다.

"할아버지는 병에 걸려서 돌아가신 거야."

이렇게 대답하면 아이는 누구나 죽음을 면할 수 없다는 생각에 무력감을 느낀다. 또한 죽음과 질병에 대한 공포심이 생기고, 의사에 대한 불신이 커져 이후 자신을 비롯한 가족들이 아플 때 지나치게 걱정을 하게 된다. 더욱이 이런 걱정 때문에 건강을 해칠 수도 있다.

"돌아가실 때가 됐으니 돌아가신 거지. 왜라니?"

가족 가운데 누군가 죽으면 남은 사람들은 큰 슬픔을 느낀다. 그런 상황에서 부모가 아이를 보살피기란 여간 어려운 일이 아니다. 물론 상황이 상황인 만큼 부모의 마음이 이해는 가지만 그렇다고 아이를 함부로 대해서는 안 된다. 이럴 때에는 아이에게 지금은 너무 슬프니까 마음이 진정되면 그때 대답해주겠다고 말하는 것이 좋다.

"지금은 마음이 너무 아파서 대답을 못할 것 같아. 시간이 지나고 마음이 진정됐을 때, 그때 얘기해주면 안 될까?"

친인척과 친구가 죽었을 때 부모는 슬픈 감정을 솔직히 표현하는 것이 낫다. 이런 상황에서 괜찮은 척하면 그 모습이 더욱더 부자연스럽게 보일 수도 있다. 어른도 슬퍼서 눈물을 흘릴 때가 있다는 사실을 알게 하면 부모와 자녀간의 사이를 더욱 돈독히 다지는 데 도움이 될 수 있다.

"우리 몸에는 아주 많은 세포들이 있어. 그런데 이 세포들은 태어난 지가 오래되면 죽고, 그러면 우리 몸은 다시 새로운 세포들을 만들어내. 그러면서 우리 몸은 자라게 되지. 하지만 나이가 많고, 큰 병에 걸리게 되면 세포를 만드는 힘이 약해져서 몸 안에 오래된 세포들이 많아져. 이렇게 되면 몸이 약해져서 결국 죽게 된단다."

질문 14

"
엄마, 할머니는
어디로 돌아가셨어요?
"

　어느덧 다은이의 할머니가 돌아가신 지도 일 년이 지났다. 하지만 그 일 년이 다 지나도록 다은이에게는 풀리지 않는 궁금증이 한 가지 있었다. 바로 할머니가 돌아가신 것은 알겠는데 대체 어디로 돌아가셨냐는 것이다. 다은이는 할머니가 너무나 보고 싶은 마음에 무슨 일이 있어도 오늘은 그곳을 꼭 알아내겠다는 다짐을 했다. 그래서 식사 준비를 하고 있는 엄마에게 달려가 물었다.
　"엄마, 할머니는 어디로 돌아가셨어요?"

　죽음을 막연하게 이해하고 있는 아이들은 가끔 이런 질문들을 한다.
　"사람은 죽으면 귀신이 되나요?"
　"할머니는 돌아가신 뒤에 어디로 가세요?"
　"우리가 제사 지내는 걸 할아버지가 아실까요?"

아이가 사후 세계에 대한 추상적인 질문을 하면 부모는 어떻게 대답을 해줘야 할지 고민이 된다. 하지만 분명한 사실은 이런 아이의 질문을 절대로 그냥 흘려들어서는 안 된다는 것이다. 아이의 나이, 이해력, 심리상태에 맞게 대답해야 한다.

"어디로 돌아가시긴, 그냥 귀신이 되는 거지."

이렇게 말해주면 아이는 세상에 정말로 귀신이 있는 줄 알고 많이 놀란다. 이런 두려움은 아이의 정상적인 생활에도 영향을 미치는 심각한 결과를 낳을 수 있으므로 주의하자.

"천국에 가셨단다."

죽음에 관한 질문에 종교적으로 대답하는 것은 아이에게 더 큰 궁금증을 불러일으킬 수 있다. 예를 들어 '하나님은 우릴 사랑한다면서 왜 우리가 사랑하는 분을 빼앗아 갔을까?'라는 의문을 품을 수도 있다.

"할머니는 우리가 갈 수 없는 아주 먼 곳으로 떠나셨어. 그래서 지금

은 그곳에 갈 수 없단다. 하지만 나중에 우리도 죽으면 할머니가 계신 그곳으로 가게 될 거야."

아직 생로병사에 대해서 잘 모르는 아이라면 사람은 나이가 들면 죽고, 그러기까지는 아주 오랜 시간이 걸린다고 객관적으로 말해주어야 한다. 더불어 할머니는 돌아가신 뒤에 고통스럽게 지내는 것이 아니라 아주 멀고 아름다운 곳으로 떠나셨다고 이야기해주어야 한다. 그러면 아이는 마음의 안정을 얻을 것이다.

"사람이 죽으면 심장이 멈추고, 눈도 안 보이고, 몸도 더는 안 움직인단다. 이렇게 되면 예전에는 땅에 묻었는데 요즘에는 화장을 많이 시킨단다. 화장이란 죽은 사람의 몸을 불에 태우는 걸 말해. 그래서 한줌 재가 된 뼛가루를 납골당이라는 곳에 모셔두지. 그렇다면 과연 사람은 죽으면 어디로 갈까? 또 영혼은 있을까? 이건 말이야, 여전히 수수께끼란다. 네가 나중에 커서 이 비밀을 꼭 밝혀냈으면 좋겠구나."

질문
15

전 언제쯤 죽나요?

    어느 날, 호정이는 텔레비전을 보다가 어린 여자아이가 큰 병에 걸려 결국 죽자 온 가족이 슬퍼하는 장면을 보게 되었다. 호정이는 너무나 슬픈 나머지 엉엉 따라 울기 시작했다. 그러자 딸아이의 갑작스러운 행동에 깜짝 놀란 엄마가 호정이를 품에 안고 말했다.
"호정아, 왜 우는 거니?"
호정이가 울음을 간신히 삼키며 말했다.
"엄마, 저 애가 죽었어요. 전 언제쯤 죽게 될까요?"
호정이의 대답에 엄마는 할 말을 잃고 말았다.

    아이는 자라면서 사고력이 발달하고 경험이 풍부해짐에 따라 죽음에 대한 막연한 불안감을 갖게 된다. 그리고 이런 '상실'의 감정은 아이의 불안감을 더욱 자극시켜 가끔 부모가 대답하기 어려운 질문을 이끌어 내기도 한다.

"저도 언젠간 늙겠죠?"
"전 언제쯤 죽을까요?"

생로병사는 인간이라면 누구나 겪는 인생의 과정이다. 하지만 대부분의 부모는 아이가 죽음에 대해 물어오면 어찌할 바를 몰라 하며 대답을 회피하거나 두려움이 역력한 표정을 짓는다. 부모가 이럴수록 아이는 더욱더 불안해져 죽음을 두려워하게 되고, 마음껏 건강하게 활동하지도 못한다. 따라서 부모는 죽음에 관한 아이의 질문에 성실하고도 담대하게 대답해줘야 한다.

"조그만 애가 언제 죽을지는 왜 걱정해!"

부모 내면에 자리한 두려움이나 거리낌 때문에 아이가 아예 죽음이라는 화제도 못 꺼내게 해서는 안 된다. 이럴 경우, 아이는 더 큰 두려움과 혼란에 빠질 수 있다. 인간은 누구나 죽음에 관한 호기심, 불안감 그리고 두려움을 본능적으로 갖고 있다. 따라서 아이가 이런 질문을 하면 부모는 경청한 후 만족할만한 답변을 들려줘야 한다.

"누구나 나이가 들면 죽게 돼. 그게 자연의 섭리란다."

이 얼마나 무서운 결말이란 말인가! 결국 인생이란 죽음을 향해 한걸음씩 내딛는 과정일 뿐이란 소리인가? 이런 대답은 아이에게 조금도 도움이 되지 않는다. 아이를 끝없는 두려움으로 내몰아서 무슨 이로움이 있겠는가.

"지금부터 걱정하지 않아도 돼. 넌 아직 어리고 앞으로 해야 할 일도 많잖아? 학교도 가야하고, 어른이 되면 일도 열심히 해야지. 죽는 일은 네가 나중에 결혼해서 아이를 낳고, 또 손자, 손녀를 보고서도 한참 후에나 일어날 거야."

인간이라면 누구나 영원히 살 수 없다고 사실대로 말해줘야 한다. 더불어 죽음에 이르기까지는 수많은 세월이 걸리는데, 건강한 생활습관을 기르고 긍정적이고 적극적으로 살아가면 그 시간을 더 연장시킬 수 있다는 사실도 꼭 알려줘야 한다. 그러면 아이는 죽음의 두려움에서 벗어나 점차 안정을 되찾을 것이다.

"태어나서 늙고 병들어 죽는 것은 누구도 거스를 수 없는 자연의 법칙이야. 쉽게 나무에 비유해볼까? 봄이 되면 씨앗은 싹을 틔우고 무럭무럭 자라나 나무가 돼. 나무는 가을이 되면 열매를 맺고, 땅에 떨어트리지. 그러면 이듬해에는 땅에 떨어진 열매에서 다시 싹이 터. 나무가 부모가 되는 거지. 이제 아기 나무는 시간이 지날수록 키가 쑥쑥 자라서 어른 나무로 변해. 그럴수록 부모 나무는 늙어서 껍질이 쭈글쭈글해지고 가지도 모두 시들어버리지. 그러다 결국에는 어느새 훌쩍 자라 더 많은 공간이 필요해진 아이 나무에게 밑거름이 돼주며 자리를 양보하고는 죽음을 맞는단다. 사람도 똑같아. 부모가 키운 자식이 자라면 부모가 되어 자신의 아이를 낳아 기르지. 그리고 그 끝에 생명의 마지막 과정인 죽음을 맞이하게 된단다. 이렇게 나이가 들어 자연스럽게 죽는 건 생명을 이어가고, 또 삶을 더욱 소중하게 만들어 주는 것이란다. 이건 아주 자연스러운 현상이니까 두려워하지 않아도 돼."

질문 16

> 사람이 놀라면
> 정말로 죽을 수 있어요?

"어머나! 놀라서 죽을 뻔했네!"
공포영화를 보던 막내 이모는 무서운 장면이 나오자 놀라서 서재로 도망쳤다. 동화책을 읽던 슬기는 엄마에게 물었다.
"엄마, 사람이 놀라면 정말로 죽을 수 있어요?"

의학 지식이 없는 아이들은 어른들이 "열 받아 죽겠네", "숨차 죽겠네"라고 말하면 이렇게 묻는다.
"정말 열 받으면 죽을 수도 있어요?"
"숨이 차면 죽기도 하나요?"

아이들이 질문할 때가 바로 지식을 가르쳐줄 수 있는 기회다. 평소 아이에게 가르쳐주고 싶은데 기회를 못 잡았다면 이때를 놓치지 말자!

"아니, 그냥 습관적으로 그렇게 말하는 거야."

아이가 물어보는 것에 대한 답을 알지 못할 때 대충 얼버무리는 태도만큼 나쁜 것은 없다. 이처럼 얼버무리면 아이는 잘못된 사실을 믿게 될 뿐아니라 나아가 나중에 사실을 알게 되면 부모에게 실망할 수도 있다.

"누가 그래? 너 놀라서 죽는 사람 본 적 있어?"

아이의 호기심을 꺾어버리는 답변이다. 이렇게 대답하면 아이는 이후 궁금한 문제가 있어도 쉽게 질문하지 못하거나, 아예 물어볼 생각조차 안 하게 될 수 있다. 상황이 어찌됐든 이런 결과를 원하는 부모는 아무도 없을 것이다.

"글쎄. 엄마도 잘 모르겠네. 우리 한번 같이 책을 찾아볼까?"

잘 모른다면 솔직하게 모른다고 대답해야 한다. '그러면 혹시 아이가 실망하지는 않을까?' 하는 걱정은 금물이다. 수학 영재로 이름난 송유근 군의 아버지 송수진 씨는 아이의 질문에 섣불리 대답하지 않았다고 한다. 질문이 워낙 독특하고 어렵기도 했거니와 아이 스스로 해답을 찾아보는 기회를 주기 위해서였다. 대신 모른다고 대답하는 데 그치지 않고 아이가 해답을 구할 수 있는 조건을 찾아주었다. 산을 모른다고 하면 산에 데려가 직접 산을 보게 해주는 식이었다.

"네 생각은 어때? 사람이 놀라서 죽을 수도 있을 것 같아?"

질문의 내용이 부모가 잘 아는 분야라면 아이의 의견을 진지하게 물어보며 함께 토론해야 한다. 만약 아직 과학적으로 밝혀지지 않은 문제라면 아직 연구 중에 있으니 나중에 커서 그 해답을 꼭 찾길 바란다는 말로 지적 욕구를 자극시켜준다.

"사람이 갑자기 깜짝 놀라면 뇌가 몸속의 부신이라는 신체기관에 부신피질호르몬을 많이 내보내라고 명령을 내려. 부신피질호르몬이 뭔가 하면, 한마디로 우리 몸에 꼭 있어야할 용감한 군인이야. 심장을 빨리 뛰게 하고, 혈액순환을 돕고, 위험할 땐 안전하게 대처할 수 있도록 근육을 빨리 움직이게 해주지. 그런데 부신피질호르몬이 지나치게 많이 나오면 심장이 너무 빨리 뛰게 돼. 그러면 심장으로 피가 많이 몰리면서 심장 근육이 찢어져 피가 나오고, 몸에는 장미색의 붉은 반점이 생기지. 그러다 보면 심장이 멈춰 죽게 될 수도 있어."

엄마, 제 숙제 좀 도와주시면 안 돼요?

조금 있으면 만화가 시작된다. 하지만 현빈이는 하기 싫은 숙제를 하느라 불만이 이만저만이 아니다. 숙제를 모두 마친 다음에 만화를 보라는 아빠의 분부가 있었기 때문이다. 그런데 속이 바짝 타들어갈 무렵, 엄마가 퇴근해서 집으로 돌아왔다. 현빈이는 순간적으로 재치를 발휘해서 엄마에게 말했다.

"엄마, 제 숙제 좀 도와주시면 안 돼요?"

아직 나이가 어린 아이들은 자립심과 책임감이 강하지 않다. 그래서 맡은 바 책임을 다해야 한다는 사실도 잘 모른다. 툭하면 자신의 책임을 남에게 미루기 일쑤이며, 가끔 '유치'한 질문도 잘한다.

"엄마, 제 신발 끈 좀 매주시면 안 돼요?"
"아빠, 비행기 좀 만들어 주실래요?"

아이가 이런 요구를 하면 부모는 책임감과 자립심을 키워주는 데 초점을 맞추어 교육을 해야 한다.

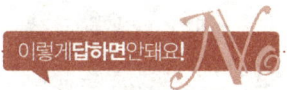

"네 일은 네가 알아서 해야지."

논리대로라면 매우 정확한 답변이다. 하지만 아이는 숙제가 자신이 해야 할 일이라는 것 자체를 잘 모른다. 따라서 이렇게 대답해주면 아직 책임감이 부족한 아이는 꾀를 부려서라도 자신의 책임을 피하려 들 것이다.

"공부가 다른 사람 좋으라고 하는 거야? 숙제도 안 하려고 하고. 그럴 바에는 아예 학교도 가지마!"

숙제를 하는 것이 아이의 책임이라는 사실을 직접적으로 말해주지 않은 채 이렇게 나무라기만 하면 큰 효과를 거둘 수 없다. 가뜩이나 공부하기 싫던 차에 이런 대답을 들으면 아이는 '그깟 공부 안하면 그만이지, 뭐가 대수라고! 공부하고 싶은 맘도 없단 말이야!' 라고 생각하게 된다. 이러면 부모와 아이 간에 또 다른 실랑이가 벌어질 수도 있다.

"그건 안 되지. 숙제는 네가 학교에서 배운 내용을 집에서 다시 공부하고, 또 얼마나 이해하는지 알아보려고 내주는 건데. 네가 숙제를 직접 안 하면 선생님이 네 진짜 실력을 알 수 없잖아. 또 네 공부에도 도움이 안 되고. 하지만 네가 지금 만화가 그렇게 보고 싶다니까 볼 수 있도록 허락해줄게. 대신 만화 끝나면 꼭 네 힘으로 숙제를 다 마쳐야 한다, 알았지?"

아이가 숙제를 안 하려고 하는 것은 마음이 콩 밭에 가 있기 때문이다. 이런 상태로 강제로 앉아서 숙제를 하면 숙제는 숙제대로 안 되고, 능률도 크게 떨어질 것이다. 이럴 때에는 잠시 하던 숙제를 손에서 놓게 하고, 보고 싶은 만화를 보면서 편히 쉬게 한 다음에 다시 숙제를 하도록 하는 것이 아이의 학습 의욕을 조절하는 데 효과적이다. 하지만 숙제를 하는 것은 어디까지나 아이가 책임져야 할 일이며, 선생님이 숙제를 내준 목적이 무엇인지 분명하게 말해주는 것을 잊어서는 안 된다. 만약 아이가 이 점을 모두 이해한다면 열심히 숙제를 할 것이다.

"선생님이 숙제를 내 주신 건 학교에서 배운 내용을 잘 기억하고, 완전하게 자기 것으로 만들라는 뜻이잖아. 또 그래야 선생님이 네 진짜 실력

을 알고 도움을 주실 테고. 그런데 다른 사람이 네 대신 숙제를 해줘서야 되겠니? 숙제는 네가 책임져야 할 일이야. 그리고 숙제를 할 때는 정확하게, 공책도 깨끗하게 쓰려고 노력해야 돼. 그럼 보시는 선생님도 기분이 좋아서 네가 공부를 더 잘할 수 있도록 많이 도와주실 거야."

질문 18

> 왜 엄마 젖 먹으면 안 돼요?

    며칠 전, 초롱이의 외숙모가 아기를 낳았다. 그래서 엄마는 초롱이를 데리고 축하 인사를 하러 외숙모 집에 갔다. 그곳에 모인 친척들은 서로 갓난아기를 안아보려고 손을 벌렸지만 아기가 우는 바람에 다시 외숙모 품으로 돌아갔다. 외숙모는 아기가 배가 고픈 것 같다며 잠시 뒤돌아 앉더니 아기에게 젖을 먹이기 시작했다. 초롱이는 엄마 젖을 빠는 사촌 동생이 너무나 부러워 저녁을 먹고 집으로 돌아가는 길에 물었다.
    "엄마, 왜 전 엄마 젖 먹으면 안 돼요? 아기는 외숙모 젖 먹잖아요."

    아이들은 자라면서 점차 새로운 사실을 받아들이고, 또 부모의 지도를 받으며 여러 생활습관을 바꿔나가야 한다. 하지만 유아기 아동은 아직 이 점을 잘 인식하지 못한다. 그래서 가끔 다른 사람, 특히 자기보다 어린아이가 어떤 일을 하면 그것을 보고 재미있는 질문들을 한다.
    "왜 전 포대기로 안 업어줘요?"

"젖병으로 물 먹으면 안 돼요?"
"나도 아기처럼 유모차 타고 싶어요."

아이들은 생리적으로 이미 젖을 뗐어도 심리적으로 이유기를 완전히 벗어나기까지는 오랜 시간이 걸린다. 이 시기는 아이의 성격이 고루 발달되지 않고, 심리적으로 나쁜 버릇이 생기기 쉬울 때다. 따라서 부모는 반드시 아이에게 해도 되는 일과 안 되는 일을 알려줘 자립심을 키워주고, 건강하게 성장할 수 있도록 도와야 한다.

"다 큰 애가 엄마 젖을 먹겠다니, 다른 사람이 알면 웃겠다."

아이가 이런 질문을 하는 것은 아직 심리적으로 이유기를 완전히 벗어나지 못했기 때문인데 이처럼 냉정하게 대답을 하면 아이와 엄마의 심리적 거리는 더욱 멀어지게 된다. 또한 엄마가 자신을 사랑하지 않는다고 생각하여 우울해질 수도 있다.

"젖이 안 나오는 걸 어떡하니!"

이렇게 대답해줘도 아이의 욕망은 여전히 만족되지 않을 것이다. 오히려 억울해할 수도 있다. 다른 엄마들은 젖이 나오는데 왜 우리 엄마만 안 나온다는 것일까? 어쩌면 아이는 다른 여성을 찾아가 자신의 소원을 이루려고 할지도 모른다.

"너도 옛날에 이가 없어서 못 씹을 땐 엄마 젖을 먹으면서 자랐어. 그런데 지금은 이가 다 나서 씹을 수 있잖니. 그러니까 당연히 다른 음식을 먹어야지. 이가 다 난 덕분에 아기 땐 먹지 못하던 맛있는 음식을 먹을 수 있잖아. 생선처럼 영양가 있는 것도 먹을 수 있고, 네가 좋아하는 과일도 먹을 수 있잖아."

사람이 자라는 데는 자연스러운 법칙이 있어서 시기에 따라 살아가는 방식이 달라지게 된다고 말해줘야 한다. 아이가 이 점을 잘 이해한다면 더 이상 무리한 요구를 하지 않고, 스스로 독립성을 키우며 심리적인 이유기를 벗어날 것이다. 그리고 아이가 이런 질문을 하는 이유는 엄마 젖에 관심이 많아 한번 맛을 보고 싶어서일 수도 있다. 따라서 부모는 아이가 좋아하는 식품 중에서 엄마 젖과 비슷한 것으로 관심을 돌려 아이의 욕구를 만족시켜줘야 한다.

"엄마 젖은 아기에게 주는 영양가 많은 음료수야. 갓난아기가 4~6개월까지 크는 데 필요한 단백질, 지방, 비타민과 같은 영양소가 모두 들어있지. 그래서 엄마 젖을 먹고 자란 아이들이 건강하게 잘 자라는 거야. 그런데 아기가 좀 더 크면 젖만으로 아기에게 필요한 영양소를 줄 수가 없어. 그래서 6~12개월이 되면 아기는 젖을 떼고, 우유로 만든 영양가 높은 음식을 먹는단다. 지금 넌 다섯 살이니까 엄마 젖을 먹어도 영양소가 모자라겠지? 게다가 엄마 젖은 네가 먹을 때가 지나면 더이상 나오지 않아. 그러니까 밥을 잘 먹어야 해. 그래야 몸이 쑥쑥 자라지."

질문 19

저도 크면 예뻐질 수 있어요?

마림이가 다니는 유치원에는 얼굴도 예쁘고 노래도 잘 하고 춤도 잘 추는 샤론이라는 아이가 있다. 샤론이는 언제나 선생님의 칭찬을 독차지했고, 마림이는 그런 샤론이가 너무나 부러웠다.
"엄마, 샤론이는 정말 예뻐요. 저도 크면 저렇게 예뻐질 수 있어요?"

아이들은 매우 단순하다. 자기보다 뛰어난 언니(누나)나 오빠(형)들이 있으면 매우 부러워한다. 그래서 나중에 크면 꼭 그들처럼 훌륭해지겠다는 생각에 이런 귀여운 질문을 하기도 한다.
"저도 나중에 크면 최홍만처럼 힘이 세질 수 있어요?"
"저도 에디슨처럼 훌륭한 발명가가 될 수 있어요?"

아이들이 이런 질문을 하면 아이에게 본받을 만한 모델을 찾아줄 기회로 생각하고 즐겁게 이야기를 나눠보자.

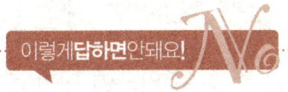

"괜찮아. 안 예뻐도 엄마한테는 네가 가장 소중하니까."

지금 자신의 아이가 못생겼다고 인정하는 것인가? 부모마저 이렇게 말하면 아이가 얼마나 큰 열등감에 빠지겠는가!
아이를 똑똑하게 키우고 싶다면 절대로 열등감을 심어주어서는 안 된다. 열등감이 있으면 자신의 능력을 믿지 못하므로 노력도 해보기 전에 지레 포기해버리기 때문이다. 똑똑한 아이로 키우고 싶다면 자신감을 심어주는 것이 무엇보다 중요하다.

"그럼. 하지만 넌 지금도 충분히 예뻐. 초롱초롱한 눈망울이며 야무지게 생긴 입술이며 얼마나 예쁜데. 게다가 넌 엄마 아빠 말씀도 잘 듣고, 동생과도 잘 놀아주고, 친구들도 잘 도와주잖아. 그 마음씨가 얼마나 착하고 예쁘니?
넌 샤론이가 부럽니? 물론 샤론이가 노래도 잘하고 춤도 잘 추지만 그 아이도 너를 부러워하는 게 있을 거야. 내 생각에는 그림 잘 그리는 걸 부러워할 것 같아. 넌 그림 그리는 걸 정말 좋아하고 또 잘 그리잖아.
엄마는 네가 샤론이를 무조건 부러워하지만 말고 그림을 더 열심히 그리면 좋겠구나. 그래서 나중에 샤론이는 멋진 연예인이 되고, 넌 최고로 훌륭한 디자이너가 되면 멋있을 것 같아!"

대중매체의 영향력이 큰 요즘에는 어른 아이 할 것 없이 외모에 대한 관심이 많다. 특히 아직 가치관이 확립되지 않은 아이들의 경우 예쁜 외모를 부러워한 나머지 자신의 외모를 부끄럽게 여길 수도 있다. 아이들이 이런 태도를 가질 경우 부모는 아이에게 자신감을 심어주는 것이 무엇보다 중요하다. 아이들이 살아가는 데 있어 자신감만큼 무척 중요한 것은 없기 때문이다. 일단 자신감이란 토양을 마련해주고 매일 물을 주듯 바르게 지도하면 아이들은 무럭무럭 자라며 자신의 목표를 이뤄간다. 아이가 자신의 가치를 믿고, 자신의 능력을 인정하며, 자신 그대로를 받아들이도록 격려해주자.

아이의 천재성을 깨우는 현명한 엄마의 대답 Good

"사람의 얼굴은 모두 달라서 저마다 특징을 갖고 있어. 눈이 큰 사람이 있는가 하면 작은 사람도 있고 코가 높은 사람이 있는가 하면 낮은 사람도 있어 피부가 흰 사람이 있는가 하면 까무잡잡한 사람도 있고 저마다 생김새가 다른만큼 누구나 개성을 갖고 있는데, 이런 개성을 잘 살리면 예뻐 보인단다.

어떤 사람들은 눈이 크고 코가 높아야 예쁘다고 생각하는데, 꼭 그런 건 아니야 아무리 눈 코 입이 예쁘게 생겨도 자꾸 찡그리고 화를 내면 예뻐 보이지 않거든. 그러니까 예뻐지려면 마음을 아름답게 가져야 해. 마음을 아름답게 가지려면 생각을 올바로 하고, 예의를 갖추고, 배우길 좋아해야 해. 공부를 열심히 하고, 좋아하는 취미도 갖고, 고운 말을 쓰고,

바르게 행동하면 자기도 모르게 예뻐지게 되지. 그런 면에서 넌 지금도 충분히 예뻐. 엄마 아빠 말씀도 잘 듣고, 동생도 잘 돌봐주고, 친구들도 많이 도와주잖아. 앞으로도 계속해서 마음을 아름답게 가꾼다면 더 예쁘고 훌륭한 사람이 될 거야."

질문 20

> **왜 어쩔 땐 저보고 다 컸다고 하고, 또 어쩔 땐 아직 어리다고 하세요?**

　동현이는 요즘 기분이 썩 좋지 않다. 장난감 자동차를 사달라는 말에 아빠가 "이제 다 컸으니 더 이상 장난감 타령은 그만 둬"라며 거절해버렸기 때문이다. 그런가 하면 이틀 전에는 혼자 영어 수업을 받으러 간다고 하니 그러기엔 아직 어리다며 엄마가 따라나선 적이 있다. 엄마는 아직 어리다 하고 아빠는 이제 다 컸다고 하니, 동현이는 너무나 헷갈렸다.
　어제 저녁 식사를 마치고 난 뒤에는 이런 일도 있었다. 가족들이 모두 모여서 휴가 계획을 짜기에 동현이도 나름대로 의견을 말하려고 했더니 엄마가 이렇게 말한 것이다.
　"저리 가서 놀아. 어른들 말하는 데 애들은 끼는 거 아니야."
　동현이는 너무 화가 나서 결국 엄마에게 한마디 하고 말았다.
　"왜 엄마 아빠는 어쩔 땐 저보고 다 컸다고 하고, 또 어쩔 땐 아직 어리다고 하는 거예요!"

부모는 때에 따라서 아이를 어른으로 대하기도 하고, 또 어린아이 취급을 하기도 한다. 이것이 바로 부모가 자녀를 교육할 때 가장 범하기 쉬운 오류이다. 아이를 어른으로 대할 때에는 용서할만한 잘못도 봐주지 않고 호되게 나무란다. 반면 아이를 어리게 취급할 때에는 아이와 어른이 평등하다는 사실은 무시한 채 마냥 달래거나 벌을 준다. 그래서 아이들은 혼란스럽기만 하다.

'엄마는 왜 다른 사람들한테는 아직 내가 어리고 철이 안 들어서 말썽을 많이 피운다고 말씀하시면서, 평상시에는 내가 다 컸다고 하시는 걸까?'
'아빠는 왜 용돈을 달라고 하면 어린애가 무슨 돈이 필요하냐고 하시면서, 잘못했을 땐 다 큰 애가 점잖지 못하느냐며 꾸짖으실까?'

과연 이것이 어느 한두 가정에만 해당되는 이야기일까? 사실, 아이는 아이답게 자라야 한다. 또한 부모는 아이를 아이로 보지 못하는 실수를 범하지 않아야 바른 교육을 할 수 있다.

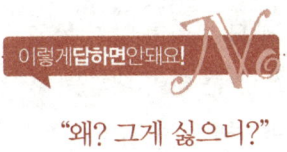

"왜? 그게 싫으니?"

아이가 그런 대우를 좋아할 리가 있겠는가. 부모가 그렇게 대하는 통에 그동안 얼마나 많은 혼란을 겪었는데 그런 말을 하는가. 더는 늦추지 말고 왜 그렇게 대했는지 이유를 설명해주자.

"그래서 불만이니? 네가 이렇게 말하는 걸 보니 이제 다 컸나보구나."

부모들은 아이가 불만을 토로하면 핑계거리를 찾거나 퉁명스러운 대답으로 그 입을 막으려는 경향이 있다. 하지만 그럴수록 서로의 사이만 서먹해질 뿐이다.

"엄마 아빠가 그동안 잘못했네. 미안해. 우리가 너한테 너무 많은 기대를 걸다 보니까 그랬던 것 같구나. 앞으로는 안 그러도록 노력할게. 그러니까 너무 서운해 하지 마."

아이를 똑똑하게 키우기 위해서는 먼저 아이가 발달단계 중 어떤 과정을 겪고 있는지 알아야 한다. 그러나 대부분의 부모는 이를 알지 못한 채 어림짐작으로 아이를 대한다. 그러다보니 어쩔 땐 큰 아이 대하듯 하고 어쩔 땐 아기 취급을 하기도 한다. 부모의 이런 태도는 아이의 지능, 정서, 인지 발달에 좋지 않은 영향을 미친다.

예를 들어 독립심을 가져야 할 나이에 과잉보호를 받으면 더 많은 것을 알 수 있는 기회를 놓치게 되고, 너무 수준 높은 행동을 강요 당하면 자신감을 잃어버릴 수 있다. 따라서 아이의 발달상황을 정확히 알아보고 그에 맞게 대하는 태도가 필요하다.

"네가 그런 생각을 했다니, 엄마 아빠의 교육방법에 문제가 있는 것 같구나. 그런데 우리가 널 어떻게 대했든 넌 아직 더 자라고, 더 많이 배워야 하는 어린 아이야. 이제 겨우 여섯 살밖에 안 됐으니까. 네가 또래 친구들보다 어른스러워서 기특한 일도 많이 하지만 그래도 엄마 아빠는 네가 '일찍 철이 들었구나.'라고 생각하지 절대로 어른으로 여기지는 않아. 어쨌든 앞으로는 네가 헷갈리게 하지 않을게. 네 의견도 존중해주고 말이야."

질문 21

> **엄마, 제가 엄마보다 나이를
> 더 먹을 수 있어요?**

　어느 날, 소현이의 엄마는 집에서 새로 산 치마를 입어보고 있었다. 그 모습을 지켜보던 소현이는 엄마의 치마를 꼭 한번 입어보고 싶었다. 하지만 엄마에게서 돌아온 말은 이 치마를 입으려면 앞으로 더 커야 된다는 것뿐이었다.
　"그럼 전 언제 다 커요?"
　"그야 시간이 많이 흘러야지. 밥을 많이 먹어야 클 수 있어."
　"그러면 제가 엄마보다 나이를 더 먹을 수 있어요?"
　그러고도 소현이의 질문은 한동안 계속됐다.

　성장의 의미를 제대로 알지 못하는 아이들은 이처럼 별난 질문을 하기도 한다.
　"제가 어른이 되면 형보다 더 형이 될 수 있나요?"
　"자랄수록 더 어려질 순 없어요?"

아이가 이런 질문을 할 때 부모는 '성장'의 의미를 자세하게 말해줘야 한다.

"이런 바보야, 자랄수록 나이가 든다지만 어떻게 그렇게 되니? 넌 엄마 딸인데 어떻게 엄마보다 나이를 더 먹어!"

이렇게 대답해주면 아이는 영원히 엄마의 치마를 못 입을 것만 같아서 실망을 한다. 나중에 크면 엄마의 치마를 꼭 입겠다는 생각으로 이렇게 질문했기 때문이다. 따라서 부모는 나중에 커서 어떤 몸매가 돼야 치마를 입을 수 있고, 현재 엄마가 입고 있는 치마는 너무 커서 아직 아이가 입을 수 없다고 논리적으로 말해줘야 한다.

"엄마보다 나이가 더 먹는 일은 없을 거야. 다음 생이라면 또 모를까."

아이가 단지 치마를 입고 싶어 했을 뿐인데 이렇게 내세까지 들먹일 필요가 있을까?

"엄마 치마를 입어보고 싶니? 그럼 한번 입어볼래? 어른들이 입는 예

쁜 옷을 보면 빨리 어른이 되고 싶지? 그 마음 알아. 엄마도 어릴 때 그랬으니까. 그런데 사람의 힘으로는 금세 어른이 될 수 없단다. 사람은 누구나 다 똑같이 일 년에 한 살씩 먹거든. 엄마는 그대로 있고 너만 나이를 많이 먹을 수는 없어. 그래서 네가 지금의 엄마 나이쯤 되면, 엄마는 이미 할머니가 돼 있을 거야. 네가 엄마만큼 키가 크면 이런 치마는 얼마든지 입을 수 있을 거야."

일석삼조의 효과를 거둘 수 있는 좋은 답변이다. 먼저 치마를 입고 싶은 아이의 욕망을 만족시켜주는 동시에 나중에 크면 엄마보다 더 예쁘게 치마를 입을 수 있으리라는 기대를 심어주고, 더불어 엄마보다 나이가 더 많아질 수 없는 이유까지 설명할 수 있기 때문이다.

"사람은 누구나 나이를 먹는단다. 네가 한 살 두 살 나이를 먹듯 엄마도 나이를 먹고, 조금씩 늙어가지. 나이를 먹는 건 아무도 막을 수 없는 일이야. 그리고 나이는 먼저 태어난 사람이 많고, 나중에 태어난 사람이 적을 수밖에 없단다. 그래서 넌 아무리 나이를 먹어도 엄마보다 나이가 많아질 수 없어. 키는 더 자랄 수도 있겠지만 말이야."

질문 22

> **내일 아침에 눈을 떴는데 갑자기 어른이 돼 있으면 얼마나 좋을까요?**

어느 날, 한경이는 집에서 만화를 보고 있었다. 그 만화의 주인공은 평소에는 그저 평범한 사람이지만 해적만 나타났다 하면 거인으로 변해 용감하게 무찌르는 무적의 용사다. 이 주인공이 내심 무척이나 부러웠던 한경이는 옆에서 신문을 읽는 아빠에게 물었다.

"아빠, 어떻게 해야 거인이 될 수 있어요?"

"어떻게 거인이 될 수 있냐니? 넌 하루에 고작 요만큼도 안자라는데."

"아휴! 내일 아침에 눈을 떴는데 갑자기 어른이 돼 있으면 얼마나 좋을까요?"

그 뒤로도 한경이의 진지한 질문은 계속됐다.

아이들은 어른이 무엇이든지 할 수 있는 사람이라고 생각한다. 그래서 빨리 어른이 되고 싶은 마음에 이런 질문을 자주 한다.

"전 언제 어른이 돼요?"
"왜 전 아빠처럼 큰 물통을 한손으로 못 들어요?"

부모는 이처럼 빨리 어른이 되길 꿈꾸는 아이들에게 사람의 성장과정을 설명해 주어야 한다. 그래서 아이들이 유년시절을 보다 소중히 여기며 건강히 자라도록 도와야 한다.

"어디 너한테 그런 능력이 있나 볼까?"

이렇게 대답해주면 아이는 극단적인 방법을 써서라도 하루아침에 어른이 되려고 별의별 꼼수를 다 부리게 된다. 따라서 뜻밖의 사고를 막기 위해서라도 이렇게 섣불리 대답해서는 안 된다.

"그러게 말이다. 그러면 엄마, 아빠가 힘들게 널 안 키워도 될 텐데."
아이가 이런 질문을 하는 이유는 빨리 어른이 되고 싶은 마음때문이다. 그런데 대답을 들으면 아이는 자신의 처지를 부정적으로 여길 수 있다. 자신이 부모에게 짐이 된다고 생각해 불안해질 수 있는 것이다. 이는 부모와 자식 간의 관계에도 좋지 않은 영향을 미치게 된다.

"빨리 어른이 되고 싶은 마음 알아. 하지만 그럴 수는 없단다. 사람은 한 살씩 한 살씩 나이를 먹거든. 넌 빨리 어른이 되면 좋겠지만 그러면 어린시절이 사라지게 되니 별로 좋지는 않을 것 같아. 천천히 나이를 먹어야 어린 시절을 아름답게 보낼 수도 있고, 자라는 기쁨도 누릴 수 있거든. 또 그래야 많은 것들을 배워서 훌륭한 사람이 될 수 있단다."

아이의 질문은 성장의 법칙과 유년시절의 소중함을 일깨워주는 기회로 만들어보자. 나이를 먹는 과정에 대해 아이와 이야기를 나눠보고 어린 시절의 의미를 찾아보는 것도 좋다. 이로써 아이는 현재를 더욱더 즐기고, 커서 훌륭한 사람이 되기 위해 노력할 것이다.

"사람은 한 살씩 한 살씩 나이를 먹는단다. 그게 자연의 법칙이야. 우린 지금 이 순간에도 나이가 들어가고 있어. 이건 사람의 힘으로는 어쩔 수 없는 일이지. 그래서 아무리 나이를 그만 먹고 싶어도, 또 빨리 먹고 싶어도 마음대로 할 수가 없어. 이렇게 조금씩 천천히 쉬지 않고 나이가 들어가는 거란다. 그러니까 우리는 매 순간을 소중히 여기며 살아야 하겠지?"

질문 23

> 왜 혼자 가면 안 돼요?

월요일 아침, 네 살 난 자비는 유치원에 가기 위해 현관문을 나서면서 엄마에게 말했다.
"혼자서 유치원에 갈 거니까 데려다주지 마세요."
그러자 엄마가 대답했다.
"안 돼. 어딜 혼자 가려고."
자비도 고집을 꺾지 않고 말했다.
"왜 혼자 가면 안 되는데요?"

부모는 아이가 혼자서 길을 나서려고 하면 보호하는 차원에서 못 가게 한다. 아이들은 아직 신체적으로 덜 성장했을 뿐더러 사회경험과 지식이 부족해서 해를 당하기에 가장 쉬운 대상이기 때문이다. 그러나 혼자 행동하고 싶어 하는 아이들은 왜 부모가 자신을 그토록 그림자처럼 따라다니는지 이해하지 못하기 때문에 반항을 하기도 한다.

"왜 모르는 아저씨랑 말하면 안 돼요?"
"왜 다른 사람한테 우리 집에 아무도 없다고 말해주면 안 돼요?"
"왜 전 맥주병을 못 들게 하세요?"

이런 아이들의 질문에는 어떻게 대처해야 할까? 물론 아이를 옆에 끼고 옴짝달싹도 못하게 할 필요는 없지만 그렇다고 아이를 보호하는 일을 소홀히 해서는 안 된다. 부모는 반드시 아이에게 자신을 스스로 지킬 수 있도록 안전의식을 심어주어야 한다. 일상생활에서 어떤 곳이 위험하고, 또 위험은 어떻게 피하는지 이해시켜주어야 한다.

"좋아. 그럼 혼자서 가. 하지만 나쁜 사람이 데려가도 엄마 탓은 하지 마."

아이를 겁주는 것은 절대로 좋은 교육방법이 될 수 없다. 왜 그런 행동을 하면 안 되는지 이유를 조목조목 설명해주지 않은 채 위험성만 지나치게 강조하면 지나치게 겁을 먹어 의욕이 떨어질 수도 있다.

"넌 아직 너무 어려서 혼자 가는 건 위험해."

아이가 안전하길 바란다면 아이 스스로 보호할 수 있도록 안전의식과 위험에 따른 대피방법을 가르쳐주자.

"엄마가 얼마 동안만 더 데려다주면 안 될까? 어떻게 하면 안전하게 다닐 수 있는지 아직 가르쳐줘야 할 게 남았거든. 네가 그걸 완전하게 이해하면 그땐 너 혼자 가게 해준다고 약속할게. 어떠니?"

아이가 어느 정도 성장하면 스스로 자립할 수 있도록 도와줘야 한다. 그러나 자립심을 키워준다고 해서 관심을 중단하는 것은 옳지 않다. 성장도 단계가 있듯 자립에도 단계가 필요하다.

아이들이 자립하는 정도는 인지능력에 의해 좌우된다. 자신의 신체와 주변의 익숙한 사물 정도를 인지할 수 있는 돌 무렵 아이에게는 스스로 걸음마를 하는 것이 자립이고, 눈과 손의 협응능력이 생기는 서너 살 아이에게는 스스로 숟가락질을 하는 것이 자립이듯 6-7세 정도의 아이에게 자립이란 혼자 집 앞 놀이터에 다녀올 수 있는 정도의 능력을 뜻한다.

즉 혼자 버스를 타거나 낯선 곳을 여행하기는 불가능한 나이인 것이다. 따라서 아이에게 가능한 행동의 범위를 알려주고, 혼자 멀리 나가는 행동은 더 큰 다음에 할 수 있다는 것을 말해줘야 한다.

"유치원은 놀이터보다 훨씬 먼 곳에 있어. 그래서 너 혼자 찾아가기 힘들단다. 엄마랑 매일 같이 다니니까 혼자 찾아갈 수 있을 것 같지? 하지만 아직은 안 돼. 혼자 가려면 좀 더 커야 해. 사람은 나이에 따라 할 수 있는 일이 다르거든. 옆집 아기는 놀이터에 혼자 못 나오고 꼭 아줌마가 데리고 나오시지? 너무 어려서 혼자 놀이터에 나올 수 없기 때문인데, 그 아기도 다섯 살쯤 되면 혼자 놀이터에 나올 수 있을 거야. 마찬가지로 너도 좀 더 크면 혼자 유치원에 갈 수 있을 거야. 그 때까지는 엄마랑 함께 다녀야 안전해."

제대로 답해줘야 바른 아이로 크는 질문에 현명하게 대답하는 방법 2

2장 | 제대로 답해줘야 바른 아이로 크는 질문에 현명하게 대답하는 방법

엄마들의 말

○ 무심코 던진 말인데 아직도 기억할 줄 몰랐어요

○ 당연한 건데 왜 궁금해 하는지 모르겠어요.

○ 내 생각을 말해줘야 하나요. 교과서대로 말해줘야 하나요?

○ 그냥 내 생각일 뿐이에요. 아이는 나름의 생각을 갖겠죠

엄마가 무심코 던진 말이 아이의 윤리관을 형성시킨다.

엄마의 인성은 아이가 물려받는 법! 엄마의 말 한마디가 아이의 인성을 좌우한다!

→ 바른 인성을 가진 아이로 키우는 좋은 대답이 여기에 있다!

질문 24

> **왜 저 사람들을 눈 병신, 절름발이라고 부르면 안 돼요?**

어느 날, 순민이는 엄마와 함께 외출을 했다가 길거리에서 노래를 부르며 돈을 구걸하는 어느 노부부를 보았다. 보아하니 남편은 시각장애우이고, 부인은 손에 지팡이를 쥐고 서 있는 것으로 봐서 다리가 불편한 듯했다.

"어! 저기 좀 봐요, 엄마. 절름발이랑 눈 병신이 노래 부르는데 진짜 재미있을 것 같아요."

이 한마디에 길을 오가던 사람들의 이목이 한순간 순민에게로 쏠렸다. 엄마는 얼굴이 다 화끈거렸다. 그래서 급히 순민이를 데리고 골목으로 들어갔다.

"한번만 더 눈 병신이니, 절름발이니 하면 다시는 너 안 데리고 다닐 거야."

그러자 순민이는 호기심에 찬 표정으로 물었다.

"왜요? 왜 저 사람들을 눈 병신, 절름발이라고 부르면 안 돼요?"

'불구자', '장님', '절름발이', '바보' 와 같은 말은 장애우를 모욕하고 차별하는 말이다. 하지만 여전히 이런 예의에 어긋나는 말을 쓰는 사람들이 있다. 문제는 분별력이 떨어지는 아이들이 어디선가 이런 단어를 듣고 별 생각 없이 따라하게 된다는 사실이다.

"왜 쟤를 바보라고 부르면 안 돼요?"

"왜 시각장애우는 되고, 눈 먼 장님이라고 하면 안 돼요?"

아이가 생각없이 장애우를 비하하는 말을 쓰면, 부모는 장애우에 대한 인식을 바꿔주는 기회로 삼아야 한다.

"장애우를 앞에다 두고 그런 말을 하는 건 예의가 아니야. 그럼 사람들이 널 싫어해."

그러면 다른 사람 모르게 뒤에서는 장애우를 차별해도 된다는 뜻인가? 생리학적인 관점에서 보면 이 세상에 완벽한 사람이란 없다. 누구나 결함을 갖고 있는 것이다. 다른 사람에게 냉대가 아닌 존중을 받으려면 본인이 먼저 그렇게 행동해야 한다. 따라서 부모는 아이가 어려서부터 다른 사람을 존중하고, 장애우를 차별하지 않으며, 예의에 맞는 말을 쓰도록 지도해야 한다.

"또 그런 말을 했다간 맞을 줄 알아! 아이고 창피해라! 괜히 엄마까지 다 창피해졌잖아."

부모가 창피 당하지 않으려고 아이를 교육시키는 것인가? 만약 창피하지 않다면 아이가 그렇게 말해도 괜찮다는 뜻인가?

"눈 병신, 절름발이, 불구자 같은 건 그 사람들을 굉장히 슬프게 하는 말이야. 이제부터는 장애우라고 부르도록 하자. 우리는 장애우를 도와주고 잘 보살펴줘야 해. 장애우들은 몸이 불편해서 혼자 움직이기 힘드니까 우리처럼 건강한 사람들이 도와줘야지."

똑똑한 아이를 둔 부모들 중에는 아이의 재능을 키우는 데에만 집착하지 않고 덕을 키우는 데 힘쓴 이들이 많다. 여섯 남매를 모두 하버드대와 예일대에 보낸 전혜성 박사는 아이들을 키우면서 "재주가 덕을 앞지르면 안된다" "더 많은 사람들에게 도움을 줄 수 있어야 한다"고 입버릇처럼 말했다고 한다. 나와 남이 모두 잘되는 공동의 가치를 추구하도록 가르치고, 부모가 먼저 나서서 남을 배려하고 봉사하면 굳이 애쓰지 않아도 아이들이 바르고 훌륭하게 자라난다는 것이다. 따라서 아이가 장애인이나 노숙자 등 사회적 약자에 관한 질문을 해오면 '공동의 가치'를 가르칠 수 있는 소중한 기회로 여기고 진지하게 대화를 나눠보자.

"눈 병신, 절름발이, 불구자라는 단어는 장애우의 불편한 몸을 놀리는 나쁜 말이야. 그래서 네가 그렇게 말하면 그 사람들은 상처를 굉장히 많이 받을 거야. 몸이 불편한 것만으로도 힘든데, 무시 당하기까지 하면 얼마나 마음이 아프겠니? 그러니까 장애우를 만나면 놀리지 말고 존중하고 도와줘야 해. 우리가 도와주면 조금이나마 불편을 덜 느낄 수 있을 테니까. 앞으로는 장애우에게 예의에 어긋나는 말을 하면 안 돼. 알겠지?"

질문 25

왜 아빠는 명절에 선물을 해요?

새해 첫 날, 동현이의 아빠는 회사 상사에게 줄 멋진 선물을 사왔다. 동현이는 그 선물이 무척 맘에 들어 내심 아빠가 그것을 상사에게 보내지 않길 바랐다.

"아빠, 그 선물 회사 아저씨한테 보내지 마세요. 네?"

아빠가 안 된다고 말하자 동현이가 물었다.

"왜 아빠는 명절에 선물을 해요?"

우리나라 사람들은 예로부터 예절을 중시해왔다. 서로 안부를 자주 주고받고, 항상 예의를 갖춰 사람을 대했다. 그래서 부모는 아이가 어려서부터 사람들과 서로 예의 바르고 사이좋게 지내도록 지도한다. 하지만 아이들은 이러한 어른들의 말과 행동을 이해하지 못하기 때문에 이렇게 묻고는 한다.

"그 장난감 자동차는 제가 가지면 안 돼요? 왜 그걸 사촌 동생한테

줘야 돼요?"

"친구한테 왜 선물해요?"

예의를 갖춰 상대방에 대한 존중과 우정을 표현하는 것은 좋은 인간관계를 형성하는 데 큰 도움을 준다. 따라서 부모는 아이가 예의 바르게 상대방을 대하도록 어려서부터 예절교육에 힘써야 한다. 반면 나쁜 목적이 있거나 어떤 거래를 성사시키기 위해서 선물을 건네서는 안 된다고 지도해야 한다. 비뚤어진 풍습과 예의 바른 행동은 분명히 다르다는 것을 확실히 알려줘야 한다.

"어른들 일에는 신경 쓰지 마."

부모는 이런 질문에 불만을 표시하거나 짜증을 내서는 안 된다. 그렇지 않으면 아이는 아빠가 상사에게 선물을 주는 것이 떳떳하지 않은 행동이라 판단할 수 있기 때문이다.

"선물을 보내면 아빠보다 높은 아저씨가 도와주지 않겠니?"

원래 선물이란 고마운 마음을 표현할 때 건네는 것이다. 그런데 어떤 사람들은 자신의 이익을 얻을 욕심으로 선물을 주기도 하는데, 이는 선물이 아니라 뇌물이다. 부모가 뇌물을 주는 모습을 아이에게 보여주는 것은 부끄러워해야 할 일이다. 그런데 자신의 행동을 반성하기는커녕 떳떳하다는 듯 아이에게 말하는 것은 있을 수 없는 일이다.

"아빠보다 높은 아저씨가 그동안 회사에서 아빠를 많이 도와주셨거든. 고마운 마음을 표현할 기회가 마땅히 없었는데, 이번에 새해를 맞이해 선물을 보내기로 한 거야. 이건 진심을 담아서 보내는 진짜 선물이야."

부모는 선물의 진정한 의미가 존경과 우정을 표현하는 것이라고 말해주어야 한다. 더불어 어떤 목적을 달성하거나 거래를 성사시키기 위한 수단으로 악용해서는 안 된다고 알려주자.

"선물은 존경하고 고마운 사람, 또 친하게 지내고 싶은 사람에게 하는 거야. 선물로 보낼 수 있는 것에는 여러 가지가 있는데 자신이 아끼는 물건도 되고, 상대방이 좋아하는 물건도 된단다. 어떤 선물이든 간에 모두 사랑과 우정이 담겨 있어야 해. 선물이 얼마나 비싸고 큰가는 그리

중요하지 않아. 중요한 건 얼마나 진실한 마음이 담겨있느냐는 거야. 만약 마음이 담겨있지 않거나 대가를 바라고 준다면 그건 선물이 아니야. 시장에서 물건을 사기 위해 돈을 내듯 상대방에게 무언가를 받기 위해 주는 물건이니까 뇌물이라고 해야 하지."

질문 26

> **왜 어른들 말씀에 끼어들면 안 되는데요?**

어느 날, 보라 엄마는 아이를 데리고 쇼핑하러 갔다가 백화점 입구에서 옛 회사 동료를 만났다. 반가운 인사말로 서로를 반기던 그녀들은 그때부터 한 달 수입이 얼마인가부터 시작해 이것저것 살아가는 이야기를 쉴 새 없이 떠들기 시작했다. 보라는 옆에서 가만히 듣다가 너무 지루해서 엄마에게 말했다.

"이러다 세일하는 옷 다 팔리겠다. 아줌마, 우리 엄만 매일 옷만 사요."

그러자 정신없이 이야기를 나누던 엄마는 얼굴을 붉히며 화를 냈다.

"어른들 말할 때 아이는 끼어드는 게 아니랬지!"

"왜 어른들 말씀에 끼어들면 안 되는데요?"

보라는 엄마의 말을 이해할 수 없었다.

타인을 존중하는 것이 곧 나 자신을 존중하는 태도이며, 이는 예의의 기본이다. 그러나 어린 아이들은 가끔 다른 사람을 존중하라는 부모의 가르침에 이의를 제기한다.

"밥 먹을 때 왜 반찬을 뒤적거리면서 먹지 말라는 거예요?"
"왜 내 장난감인데 다른 친구한테 양보하래요?"
"손님들 가실 땐 왜 대문까지 나가서 배웅해야 돼요?"

예의는 사람들끼리 서로 지켜야 할 대인관계의 기본이다. 또한 사회로 나가는 통행증과도 같아 치열한 경쟁 속에서 성공을 다지는 초석이 된다. 따라서 부모는 아이가 어려서부터 예의를 갖춰 사람들을 대하도록 지도해야 한다.

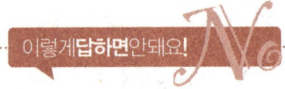

"안 된다면 안 되는 줄 알지 어디서 버르장머리 없이 자꾸 끼어들어."

다른 사람 앞에서 아이를 나무라는 일이 없도록 하자. 그렇지 않으면 아이는 자존심이 많이 상해 좌절감과 열등감에 휩싸이게 된다.

"너 때문에 되는 일이 없어! 아줌마한테 이 물건 얼마에 샀는지 물어보려는데, 네가 방해해서 못했잖아."

이렇게 사소한 일로 아이를 다른 사람 앞에서 나무라다니, 얼마나 계산적인 엄마의 모습이란 말인가! 이런 부모 밑에서는 아이 또한 가식적인 사람으로 자랄 수밖에 없다. 콩 심은 데 콩 나는 법, 부모가 먼저 아이에게 모범을 보여야 한다.

"엄마가 말을 하는데 네가 중간에 막 끼어들면 얘기가 끊기게 돼. 그러면 엄마는 화가 나. 앞으로는 다른 사람이 말할 땐 중간에 끼어들지 않도록 주의해."

아이들은 대부분 이목을 끌거나 놀이 상대를 찾을 때, 또 자신의 어려움을 해결하고자 할 때 마음대로 다른 사람의 말을 가로막는다. 따라서 부모는 이런 행동은 예의에 어긋나며, 급한 일이 아니라면 다른 사람이 말을 모두 마친 뒤에 하라고 분명하게 일러줘야 한다. 또 말하기 전에는 부모의 옷자락을 살짝 당기거나 눈빛으로 신호를 준 다음에 자신의 의견을 말하는 것이 좋다고 가르치자.

"어른들끼리 할 말이 있어서 조용히 이야기하는데 중간에 말을 가로막으면 어떡해. 방금 전에 무슨 말을 했는지 잊어버리고, 방해가 돼서 제대로 대화를 나눌 수가 없잖아. 급한 일이 아니면 다른 사람 말이 다 끝날 때까지 기다렸다가 그때 말해. 하고 싶은 말이 있으면 미리 엄마 아빠 옷자락을 살짝 당기거나 눈빛으로 신호를 주는 것도 좋은 방법이야. 어른들 대화뿐만 아니라 네 친구들과 이야기를 나눌 때도 마음대로 말을 가로 막아선 안 돼. 그건 예의에 어긋나는 행동이니까."

질문 27

> **왜 할아버지 머리를 쓰다듬으면 안돼요?**

저녁식사 후, 동건이는 할 일이 없어 심심해지자 할아버지와 장난을 치고 싶어졌다. 그러나 할아버지는 동건이를 전혀 신경 쓰지 않은 채 계속 신문만 읽었다. 동건이는 어떡하든 할아버지의 주의를 끌려고 소파로 기어 올라가 할아버지의 머리를 쓰다듬으며 말했다.
"우리 착한 아기, 나랑 같이 놀지 않을래?"
그런데 이 광경을 막 현관에 들어서던 아빠가 목격하고 말았다. 아빠는 급히 아이를 소파에서 끌어내리고는 엉덩이를 때리며 말했다.
"누가 할아버지 머리를 쓰다듬으래. 버르장머리 없이!"
그러자 동건이는 억울해서 울부짖었다.
"왜 할아버지 머리를 쓰다듬으면 안 되는데요? 왜요!"

사회에는 여러 사람들이 더불어 살기 위해 필요한 금기사항들이 있다. 하지만 이를 이해할리 만무한 아이들은 의아함을 호소한다.

"왜 빨간 치마를 입고 외할아버지 제사에 가면 안 돼요?"
"이슬람 식당에서는 왜 돼지고기 요리를 안 한대요?"

아이에게 사회의 금기사항을 말해주는 것은 곧 역사를 가르치고, 세계가 발달해온 과정을 이해시키는 중요한 일이다. 금기사항이 형성된 데는 모두 그만한 역사적인 배경이 있기 때문이다. 또한 금기사항을 이해하고 지키는 것은 다른 사람과 그들의 역사를 존중한다는 표현이기도 하다. 따라서 부모는 금기사항을 가르치는 일을 게을리 해서는 안 되며, 아이가 시간과 장소와 때에 맞게 말하고 행동하도록 가르쳐야 한다.

"맞을 짓만 골라서 하지! 어디 할아버지 머리를 쓰다듬어!"

아이는 금기사항을 잘 몰라서 할아버지의 머리를 쓰다듬은 것뿐이다. 이를 바로 고쳐주면 될 것을 굳이 화를 내며 회초리까지 들 필요가 있을까?

"내 말 잘 들어. 한번만 더 할아버지 머리 쓰다듬으면 그땐 종아리가 부러지도록 맞을 줄 알아!"

이런 식으로 아이를 겁주지 말자! 이렇게 하면 아이는 할아버지의 머리를 쓰다듬으면 안 된다는 사실을 똑똑히 기억하게 되겠지만 왜 그래야 하는지 모르고 그저 무작정 시키는 대로 따르는 줏대없는 아이가 되기 쉽다. 과연 이것이 부모가 바라던 결과인가? 정말 중요한 것은 아이에게 사회 예절과 금기를 가르치는 것임을 기억하자!

"할아버지가 어린아이의 머리를 쓰다듬으시는 건 그 애가 귀엽고 사랑스럽기 때문이야. 한 마디로 관심이 많아서 그러시는 거라고. 하지만 아이는 어른에게 그러면 못써. 할아버지는 어른이고 노인인데 그런 분의 머리를 네가 쓰다듬으면 되겠니? 그건 어른을 무시하고 놀리는 행동이야. 절대로 그래선 안 돼."

같은 행동이라도 장소와 사람에 따라서 서로 다른 반응이 나온다. 이때 부정적인 반응을 유도하는 행동이 바로 금기이다. 부모는 아이에게 왜 할아버지의 머리를 쓰다듬으면 안 되는지를 비롯하여, 이러한 금기 사항에는 또 무엇이 있는지 알려주어야 한다. 아이가 이 점을 잘 이해한다면 앞으로 사회적인 금기사항 또한 잘 지킬 것이다.

"할아버지 머리를 그렇게 쓰다듬으면 안 되지. 할아버지는 우리 집에서 가장 높은 어른이시니 항상 공경하는 마음으로 예의를 갖춰야 해. 그런데 그렇게 머리를 쓰다듬어서야 되겠니? 그건 할아버지를 놀리는 아주 버릇없는 행동이야. 그러니까 앞으로는 절대 그러면 안 돼. 그리고 할아버지뿐만 아니라 어른들의 머리는 절대로 그렇게 함부로 쓰다듬는 게 아니야. 알겠지?"

질문 28

사라한테 뽀뽀해줘도 돼요?

　성균이는 같은 동네에 사는 사라를 너무 좋아해 늘 사라와 함께 논다. 그러던 어느 날, 아빠가 엄마에게 "사랑해"라고 말하자 엄마가 아빠에게 뽀뽀를 해주며 "나도 사랑해요"라고 말하는 모습을 보았다. 성균이는 이 모습이 너무 재미있어 엄마에게 물었다.
　"'사랑해'가 무슨 뜻이에요?"
　"그건 널 좋아한다는 뜻이야. 사랑하는 사람들은 그 말을 하면서 서로 사랑을 표현해."
　성균이는 곰곰이 생각을 하더니 다시 질문을 했다.
　"저도 사라 좋아하는데 사랑한다고 말하면서 뽀뽀해줘도 돼요?"

　태어날 때부터 친구를 어떻게 사귀는지 알고 태어나는 사람은 없다. 아이들은 아직 윤리의식이 잘 잡혀있지 않기 때문에 친구에게 좋아하는 감정을 표현할 때 주변 사람들을 깜짝 깜짝 놀라게 만들기도 한다.

아이들이 하는 질문만 봐도 얼마나 천진난만한지 알 수 있다.

"사라를 사랑해도 돼요?"

"사라랑 결혼해도 되나요?"

부모는 아이가 어려서부터 다른 사람의 권리를 존중하고 동성 친구를 사귀든 이성 친구를 사귀든 상대방을 배려해야 한다고 교육시켜야 한다. 만약 상대방이 싫어하는 일이라면 아무리 동기가 좋고 의도가 순수하더라도 해서는 안 된다.

"안 돼. 만약 사라한테 뽀뽀하면 다른 사람들은 네가 바람둥이인 줄 알 거야."

아이가 질문을 하면 부모는 먼저 문제를 낱낱이 해부해 보아야 한다. 그래서 아이가 어떤 생각을 하고, 왜 그런 행동을 하려고 하는지 분석한 다음에 종합적인 답변을 들려줘야 한다. 안 된다고 한마디로 잘라버리는 것은 아이의 자존심을 상하게 하고, 이해력을 떨어트리며, 친구를 사귀는 법을 배울 수 있는 기회를 앗아가는 것이나 다름없다.

"그러기만 해봐! 사라한테 뽀뽀만 했다가는 엄마가 그 입을 마구 때려줄 테니깐."

아이들이 자신의 감정을 솔직히 드러내는 것은 건전한 인격을 형성하는 데 도움이 된다. 물론 아이가 누군가를 좋아할 때 감정을 표현하는 방법이 부모의 눈에는 너무 노골적으로 보일 수도 있다. 하지만 그렇다고 해서 아이를 지나칠 정도로 엄격하게 나무란다면 어떻게 되겠는가? 아이는 자신의 감정을 솔직하게 표현하는 것을 나쁜 짓으로 여기게 될 수도 있다.

"사라한테 뽀뽀를 하면 안 되는 건 아니야. 하지만 그 전에 꼭 '사라야, 너한테 뽀뽀해도 돼?' 하고 허락을 받아야 해. 왜냐하면 우리는 다른 사람들을 존중해야 하거든. 집에서는 엄마, 아빠가 네게 얼마든지 뽀뽀를 할 수 있고, 너도 엄마, 아빠한테 뽀뽀해도 돼. 굳이 물어보지 않아도 우리는 가족이라 모두 허락한 셈이니까. 그런데 가족이 아닌 사람들한테 허락을 안 받고 뽀뽀할 수는 없어. 만일 사라가 뽀뽀를 한다고 해도 된다고 허락하면 볼에 살짝 해도 돼. 하지만 허락하지 않으면 절대 해서는 안돼."

어린 아이들이 이성 친구에게 하는 뽀뽀를 색안경을 끼고 바라보게 해서는 안 된다. 사실 아이들이 하는 뽀뽀란 어디까지나 어른의 행위를 모방한 것에 불과하기 때문이다. 또한 부모는 우선 아이의 질문에 답해주기 전에 아이에게 왜 뽀뽀를 하고 싶은지 자신의 감정을 말해보라고 하고, 그 말에 진심으로 귀 기울어야 한다. 그 다음에는 친구를 사귀는 원칙, 즉 친구끼리는 서로를 존중해야 한다는 말을 해주어야 한다. 더불어 아이가 자신의 감정을 올바르게 전달하는 법을 배우도록 지도해야 한다.

아이의 천재성을 깨우는 현명한 엄마의 대답 Good

"뽀뽀는 사랑을 표현하는 하나의 방법이야. 사랑하는 사람들이나 가족끼리 뽀뽀를 할 수 있고, 외국에서는 볼과 이마에 뽀뽀하는 게 인사인 경우도 있어. 하지만 우리나라에서는 아무한테나 마음대로 뽀뽀를 하면 안 돼. 허락을 받고 해야지. 만약 상대방이 싫다는데도 억지로 뽀뽀를 하면 그 사람은 기분이 나쁠 거야. 그리고 누군가를 좋아할 때 꼭 뽀뽀를 해야만 좋아하는 마음을 표현할 수 있는 건 아냐. 다른 방법도 얼마든지 있거든. 어떤 방법이 있는지 우리 함께 찾아볼까?"

질문 29

> **왜 전 엄마 성씨를 안 따르고
> 아빠 성씨를 따랐어요?**

"김지수, 서지수, 김지수, 서지수…."

유치원에서 집으로 돌아가는 동안 지수는 줄곧 이 두 이름을 번갈아 가며 되뇌었다. 갑자기 어려서부터 줄곧 불려왔던 김지수라는 이름보다 엄마의 성씨를 따른 서지수라는 이름이 훨씬 예쁘게 들렸기 때문이다. 집에 도착한 뒤에도 여전히 두 이름을 놓고 고민하던 지수는 거실에서 뜨개질을 하는 엄마를 보자 품으로 달려들며 말했다.

"엄마, 왜 전 엄마 성씨를 안 따르고 아빠 성씨를 따랐어요?"

오늘날, 사회가 발전하고 사람들의 관념이 변하면서 전통적인 관습도 점차 바뀌고 있다. 하지만 그 중에는 여전히 생활 속에 굳건히 뿌리를 내린 채 그 명맥을 유지하고 있는 것도 있다. 이를 의아해하거나, 불만이 있는 아이들은 간혹 이런 질문을 하기도 한다.

"(돌림자가 '도' 일 경우)왜 제 이름에 꼭 '도' 자가 들어가야 해요?"

우리 사회에는 시대 상황과 맞지 않아 사람들의 행동을 구속하는 전통적인 관습이 남아있는 것이 사실이다. 따라서 부모는 아이가 민족의 문화를 이해하는 동시에 합리적으로 계승할 수 있도록 가르쳐야 한다.

"안 돼. 아빠가 화내실 거야. 할아버지, 할머니도 원하지 않으시고."

전통적인 관습에는 모두 유구한 역사와 시대상이 깃들어 있다. 하지만 '남녀평등'이 이미 시대의 구호가 된 지 오래인 지금, 유교단체의 반대에도 불구하고 호주제를 폐지하자는 목소리가 점점 커지고 있다. 따라서 앞으로는 엄마성을 따르는 일이 자연스러워질 수도 있다는 점을 알아야 한다.

"너 엄마 성씨 따르는 애들 본 적 있어? 우리만 그렇게 하면 이상하잖아."

왜 다른 사람이 하는 대로 따라해야 하는가? 그동안 아이가 엄마의 성씨를 따를 수 없었던 이유는 법이 허락하지 않았기 때문이다. 그럼에도 불구하고 아빠와 엄마의 성씨를 모두 따른 이름, 예를 들면 아빠가 김 씨이고 엄마가 이 씨일 때 아이의 이름을 '김이xx'로 짓는 가정도 있다.

또 드물기는 하지만 엄마의 성을 따르는 가정도 있음을 무시해서는 안 될 것이다.

"그건 왜? 왜 그런 생각을 했어?"

때로는 아이의 질문에 곧바로 대답하는 것보다 "왜 그럴까?"라고 반문하는 것이 더 좋을 수 있다. 아이가 질문을 한다는 것은 그 문제에 대해서 어느 정도 생각해 보았기 때문이므로 이때 한번 더 되물으면 더 깊이 생각해 보게 된다.

장병혜 박사는 엄마들이 아이들의 질문에 반드시 정답을 말해줄 필요는 없다고 한다. 그저 아이가 다양한 생각을 할 수 있도록 만들어 주면 되는데, '왜' 라는 반문만큼 효과적인 방법은 없다는 것이다. 아이들은 상상력이나 창의력이 뛰어나기 때문에 어른들이 미처 생각하지도 못했던 놀라운 답을 생각해낼 수도 있다.

"우리나라는 친아빠 성씨를 따르게 되어있어. 법에 그렇게 나와 있거든. 하지만 왠지 불공평한 것 같지 않니? 똑같이 아이의 부모인데 친아빠

성만 따라야 한다는 게 말이야. 그래서 많은 여성단체에서 엄마 성씨도 따를 수 있게 새로운 법을 만들어 달라고 나라 살림을 하는 정부에 요구했어. 그동안 문제가 많았거든. 한 가지 예를 들자면, 부부가 이혼을 한 뒤에 엄마가 아이들을 데리고 다른 남성과 재혼을 했다고 해보자. 그런데 아이의 성씨와 새 아빠의 성씨가 다른 거야. 한 가족이라면 당연히 아이의 성씨와 아빠의 성씨가 같아야 되는데 말이야. 그러니까 주변에서 사람들이 수군대고, 아이들이 학교에서 놀림을 당할지도 몰라. 그 가족이 상처를 많이 받게 되겠지. 하지만 머지않아 꼭 친아빠의 성씨를 따르지 않아도 된다는 쪽으로 법이 바뀔 테니 그때는 이런 일이 없어지겠지? 엄마 성씨를 따라도 되니까 말이야."

질문 30

엄마 부를 때 그냥 이름 불러도 돼요?

일요일 아침, 세은이는 집에서 미국 영화를 보고 있었다. 영화 속에서는 어린 아이가 아빠, 엄마 심지어는 할아버지, 할머니의 이름까지도 거침없이 부르고 있었다. 세은이는 그것이 무척 흥미롭게 느껴져 때마침 장을 보고 돌아온 엄마에게 물었다.

"엄마, 제가 엄마 부를 때 그냥 이름 불러도 돼요?"

18개월에서 네 살 사이의 아이들은 가끔 부모나 다른 어른들의 이름을 함부로 부를 때가 있다. 다른 어른들이 자신의 부모를 부를 때 이름을 부르는 것을 그대로 따라하기 때문이다. 이런 현상은 아이들이 자라면서 전통적인 관습을 익히고, 허락되는 것과 안 되는 것을 구분하게 되면 차차 자연스럽게 사라진다. 하지만 아이가 생활하면서 호칭에 관한 의문이 생기는 것은 당연한 일이다.

"왜 전 아빠를 아빠라고 불러야 돼요?"

"왜 작은 삼촌을 큰 삼촌이라고 부르면 안 돼요?"
"왜 아빠의 아빠를 할아버지라고 불러요?"

아이가 이런 질문을 하더라도 어른, 특히 부모는 아이가 자신을 존중하지 않아서 이렇게 말하는 것이라고 생각해서는 안 된다. 아이는 단지 호칭에 관한 예절을 잘 모를 뿐이다. 따라서 부모는 이를 기회로 삼아 인내심을 갖고 아이와 함께 호칭에 관해 알아봐야 한다.

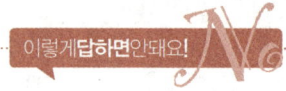

"어디서 엄마 이름을 부른대! 버릇없이."

사실, 아이가 가끔씩 부모의 이름을 부른다고 무슨 큰일이야 나겠는가? 이런 일로 놀랄 필요는 없다. 물론 아이가 부모의 이름을 부르는데 기분 좋을 리는 없다. 그래도 큰 소리로 아이를 나무라지 말고, 왜 부모를 엄마, 아빠라고 불러야 하는지 설명해주는 것이 좋다.

"안 돼. 너 지금 반항하는 거야?"

아이가 부모의 이름을 부르고 싶어하는 이유는 단지 다른 어른들이 그렇게 하기 때문이지 절대 반항하려는 의도가 아니다. 이유도 모른 채 이렇게 아이를 나무라지 말자.

"엄마 아빠는 네가 엄마, 아빠라고 불러주는 게 훨씬 좋아. 또 그게 예의에 맞고."

유교문화권인 우리나라에서는 어른을 공경하고 그에 맞게 예의를 차려서 대우해주는 것이 자연스럽고 당연하게 느껴진다. 이는 미국이나 유럽 등 서양 문화에서는 찾아볼 수 없는 아름다운 풍습이다. 따라서 부모는 아이가 우리나라의 정서와 문화를 이해하고 예의에 맞는 호칭을 사용하도록 지도해야 한다.

"외국 사람들은 보통 우리나라를 '동방예의지국'이라고 하잖아. 이건 굉장히 좋은 말이란다. 너도 알겠지만 사람은 어른을 공경하고 아이를 사랑해야 하거든. 어른을 전통적인 예절에 맞게 부르는 건 그만큼 공경한다는 뜻이란다. 우리나라에서는 자기보다 나이가 많은 사람을 부르는 말이 정해져 있어. 부모님은 엄마 아빠, 혹은 어머니 아버지라고 불러야 하고, 부모님의 부모님은 할머니 할아버지라고 불러야 하지. 또 나이가 많은 형제는 언니나 오빠, 혹은 누나나 형이라 불러야 해. 만약에 자기보다 나이 많은 사람의 이름을 그냥 부르면 우리나라에서는 예의가 없다고 해. 영화에서 외국 사람들이 부모님을 그냥 이름으로 부르는 이유는, 그 나라에서는 이름을 높여 부르는 말이 없어서 이름을 불러도 예절에 어긋나지 않기 때문이야. 하지만 우리나라에는 어른을 공경하는 말이 있으니 그냥 이름을 부르면 안돼. 어른 이름을 부르는 건 예의 없는 행동이거든. 그러니까 엄마 아빠는 네가 우리를 존중해준다는 뜻에서 계속 '엄마', '아빠' 라고 불러줬으면 좋겠구나. 물론 우리도 널 무조건 어리다고 생각하지 않고 존중해줄 거야."

질문 31

> **왜 전 막내 이모가 없어요?**

나영이의 막내 이모는 바쁜 엄마 아빠를 대신 유치원이 끝날 때마다 나영이를 데리러 온다. 대학에서 음악을 가르치는 이모는 얼굴도 예쁘고 품위가 있어 유치원 아이들과 선생님이 모두 좋아한다. 그래서 막내 이모가 유치원에 오면 나영이는 늘 우쭐댄다. 그러던 어느 금요일 오후, 하교 시간에 맞춰 나영이의 막내 이모가 유치원에 도착한 시각, 태희의 엄마도 나란히 유치원에 들어섰다. 그러자 태희가 엄마에게 말했다.

"엄마, 저 사람 나영이네 막내 이모예요. 그런데 엄마, 왜 전 막내 이모가 없어요?"

오늘날 한 자녀 가정이 늘어나면서 친인척 관계에도 큰 변화가 생겼다. 이는 다시 말해 아이들에게 생소한 친인척 간의 호칭이 많아졌다는 것이다. 그래서 다른 사람에게는 있지만 자신에게는 없는 친인척이 있으면 아이들은 이를 의아하게 여기며 질문을 한다.

"왜 전 외삼촌이 없어요?"
"왜 전 사촌 오빠가 없어요?"

아이가 친인척의 관계와 호칭에 대해 궁금해 하면 가족의 의미를 가르칠 수 있는 기회로 삼아야 한다. 호칭을 가르침으로써 가족의 역사와 현황을 이해하고, 친인척 관계를 더욱 돈독히 하며 우리 사회의 기본적인 윤리도덕을 배울 수 있도록 하자.

"어쩔 수 없잖아. 외할머니가 여동생을 안 낳아주신 걸 어떡하니."

책임을 외할머니에게로 돌리면 어쩌면 아이는 외할머니를 찾아가 왜 이모를 안 낳아주셨는지 '심문'할지도 모른다. 답을 해주기가 막막하다고 남의 탓으로 돌리거나 얼버무리는 것은 아예 답을 안해주느니만 못하다.

"저런 이모가 뭐가 좋아."

아이 앞에서 타인을 헐뜯거나 욕해서는 안된다. 심술궂은 마음으로 아이의 순진함을 오염시키지 말자.

"막내 이모는 엄마의 여동생을 말해. 그런데 엄마는 외동딸이잖아. 그러니까 네게는 이모가 없는 거야."

이모가 없는 이유를 아이가 알 수 있도록 부모의 경우를 예로 들어 가족 구성원의 구조와 서로의 관계를 말해줘야 한다. 물론 더욱 자세하게 친인척의 관계를 설명해 줄 수도 있다. 아빠의 형제자매는 아이에게 큰아버지, 삼촌, 고모가 되고 이들의 자녀와는 사촌지간이 되며, 엄마의 형제자매인 이모와 외삼촌의 자녀와는 외사촌지간이 된다는 것을 알려주도록 한다.

"우리가 보통 친척이라고 말하는 사람들은 한 가족이거나 결혼을 통해서 맺어진 관계야. 관계에 따라서 어울리는 호칭이 있는 거란다. 이모는 엄마의 여자 형제를 말해. 그런데 엄마는 외동딸이잖니. 그러니까 네겐 이모가 없는 거야."

질문 32

> ## 왜 제일 큰 사과는
> ## 할머니 드려야 되는데요?

　일요일 아침, 유경이 엄마는 장을 보러 갔다가 아이가 가장 좋아하는 사과를 사왔다. 엄마가 사과를 다 씻자 유경이는 기다렸다는 듯 가장 큰 사과 하나를 날름 집어 들었다. 순간, 엄마가 유경이를 막고 나섰다.
　"제일 큰 건 할머니 드려야지."
　그러자 유경이는 볼멘 목소리로 말했다.
　"왜 제일 큰 사과는 할머니 드려야 되는데요?"

　노인을 공경하는 것은 우리나라의 전통적인 미풍양속이다. 따라서 부모는 아이가 가족을 사랑하고 노인을 공경하는 습관을 갖도록 일찍부터 가르쳐야 한다.
　그러기 위해서는 먼저 부모 스스로 아이에게 모범을 보여야 함은 두말할 나위가 없다. 또한 일상생활에서도 예의범절을 가르칠 기회를 찾아야 하는데, "왜 금요일마다 엄마는 외할머니 빨래를 해드려요?", "아빠는 왜 매달 할머니께 용돈을 드려요?"와 같은 아이의 물음에 잘 대답해주는 그 자체가 교육이 될 수 있다.

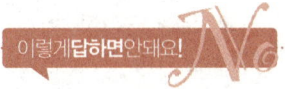

"그야 제일 크고 좋은 거 안 가져다 드리면 할머니가 화내실 것 같으니까 그러지."

부모가 어른을 공경하는 것을 책임으로만 생각하면 아이를 효성 깊은 사람으로 키울 수 없다. 아이는 부모의 말과 행동을 보고 세상 살아가는 법을 익힌다. 말로만 인간의 도리를 설명해주지 말고 아이가 보고 배울 수 있도록 부모 스스로 모범을 보이자.

"착하지. 이번에는 할머니께 양보해드려. 엄마가 다음에 더 크고 맛있는 걸로 줄게."

얼핏 아이를 위로하는 것처럼 보이지만 실은 부모의 이기적인 사랑을 표현하는 것에 지나지 않는다. 아이를 사랑하는 것이 부모의 본능이라지만 어른을 공경하는 것 또한 부모가 갖춰야 할 덕목이다. 부모 자신이 어른을 공경하지 않으면서 아이에게 어른을 진심으로 공경하라고 해서는 안 된다.

"그야 할아버지, 할머니는 그동안 우리 가족을 보살피느라 고생하셨으니까 그렇지. 그리고 지금은 연세도 많이 드셔서 이곳저곳 아프시니까 몸에 좋은 걸 많이 드셔야 돼. 자, 얼른 할머니한테 사과 갖다 드리자."

이렇게 답해주면 아이는 왜 노인을 공경해야 하는지 알게되어 열심히 노력할 것이다. 부모는 말과 행동으로 아이에게 직접 모범을 보여주면서 효심과 사랑을 키워줘야 한다.

"가장 좋은 사과를 할머니께 드리는 이유는 어른을 공경해야 되기 때문이야. 어른을 공경하는 건 우리나라의 좋은 전통이란다. 한번 생각해봐. 할머니 할아버지가 지금껏 엄마 아빠를 보살피느라 얼마나 수고하시고, 마음고생을 많이 하셨겠니. 그건 돈이나 다른 어떤 것으로도 값을 매길 수 없는 거야. 우리는 그런 할머니 할아버지의 은혜에 보답하고 항상 감사하는 마음을 지녀야 해. 어른들은 오랜 세월을 사시며 아픔을 이겨내고 견뎌내신 분들이셔. 그러니까 너도 우리 할머니 할아버지뿐만 아니라 모든 노인 분들을 공경하는 마음을 가져야 돼."

질문
33

> ## 아줌마는 우리 집 하인이에요?

    시경이의 엄마 아빠는 일이 너무나 바쁜 탓에 집안일을 하기는커녕 시경이조차 제대로 돌볼 겨를이 없다. 그래서 시경이의 엄마는 올 초에 도우미 아주머니 한 분을 고용했다. 집에서는 모두 '아줌마'라고 부르는 이 도우미 아주머니는 평소에 집안일을 하고 시경이를 돌본다. 그러던 어느 토요일 저녁, 온 가족이 거실에 모여 텔레비전을 보고 있을 때였다. 텔레비전에서 주인이 하인을 호되게 나무라는 장면을 본 시경이가 엄마 아빠에게 물었다.
    "아줌마는 우리 집 하인이에요?"

    우리 사회에는 정말로 많은 직업들이 있다. 과학자, 교사, 의사와 같이 많은 사람들의 존경을 받으며 고수입을 올리는 직업이 있는가 하면 농부, 청소부, 자동차 정비공과 같이 힘든 직업도 있다. 이렇게 직업이 다양한 이유는 사회를 구성하는 데 필요한 분야와 개개인의 능력이 다

양하기 때문이다. 그런데 아직 어린 아이들은 왜 그렇게 다양한 직업이 있는지 잘 모르기 때문에 가끔 이와 관련된 상황을 목격하면 호기심이 생겨 이런 질문들을 한다.

"저 아저씨(광부) 얼굴은 왜 저렇게 까매요?"
"엄마는 왜 백화점 계산대에서 일 안하고 바닥 청소를 해요?"
"엄마, 저도 이다음에 아줌마처럼 다른 집에 가서 일해야 돼요?"

아이가 이런 질문을 하면 부모는 하는 일은 모두 다르지만 직업에는 귀천이 없으며 전부 필요하고 가치 있는, 존경 받을만한 일이라고 답해 주어야 한다. 그것이 아이가 어렸을 때부터 올바른 인생관과 가치관을 갖추도록 해주는 길이다.

"응. 아줌마는 엄마 아빠가 주는 돈을 받고 우리 집에서 일하는 거니까."

부모가 가사 도우미란 직업에 관해 대체 무슨 생각을 하고 있는지 의심스럽다. 부모가 이렇게 다른 사람과 그들의 직업을 무시하면서 아이를 잘 교육시킬 수는 없다.

"쉿! 아줌마한테 들리겠다. 조용히 말해."

얼마나 가식적인 모습이란 말인가. 이렇게 대답하는 부모는 도우미 아주머니를 돈을 주고 고용한 하인쯤으로 여길 것이다. 이런 식으로 대답하면서 아이가 훌륭한 사람으로 자라길 바라는 것은 도둑 심보나 다름없다.

"아니. 아줌마는 우리 집에 와서 일하시는 것뿐이야. 일이 많이 힘들 테니까 네가 많이 도와드리렴."

아줌마는 엄마 아빠가 매일 아침 일하러 가듯이 우리 집에 와서 집안일을 도와주는 것뿐이라고 분명하게 말해주어야 한다. 또한 아줌마의 일을 돕도록 격려해주면 아이는 집안일을 하면서 모든 일을 공평하게 대하고 존중하게 되어 직업에 대한 편견을 갖지 않을 것이다.

"사람은 누구나 일을 하면서 살아가. 그만큼 직업의 종류도 많고, 서로 하는 일도 다르지. 우리 사회가 잘 돌아가려면 모두가 자신의 일에 최선을 다해야 해. 아줌마가 하시는 일은 엄마 아빠를 도와서 집안일을 하고, 널 잘 보살펴주시는 거야. 아줌마는 일을 매우 열심히 하시기 때문에 아주 훌륭한 분이라고 할 수 있어. 우린 이렇게 자기 일을 열심히 하는 사람들을 존중해야 돼. 그러니까 너도 아줌마를 존중하고, 네가 할 수 있는 일이 있으면 도와드려."

질문 34

> **왜 다른 사람의 물건을 가져오면 안 돼요?**

금요일 오후, 유치원을 마치고 집으로 돌아온 경훈이의 손에는 웬 장난감 북이 들려 있었다. 엄마가 어디에서 났냐고 묻자 경훈이는 원래 유치원에서 갖고 놀던 것인데 너무 마음에 들어 집으로 가져왔다고 말했다. 이에 엄마는 곰곰이 생각을 하다가 경훈이에게 말했다.

"경훈아, 다른 사람 물건을 그렇게 가져오면 안 돼. 내일 유치원에 가면 제자리에 다시 갖다가 놔. 알았지?"

그러자 경훈이는 억울해하며 말했다.

"싫어요. 왜 다른 사람 물건 가져오면 안 되는데요?"

어린 시절, 누구나 한번쯤 다른 사람의 물건을 그냥 집으로 가져왔던 경험이 있을 것이다. 그만큼 이런 일은 아이들의 세계에서 자주 일어난다. 하지만 어른이 하는 도둑질과 아이들이 하는 도둑질에는 약간의 차이가 있다. 어린 아이들이 도둑질을 하는 이유는 아직 소유개념이 완전히 발달하지 않았거나 호기심이 생겨서, 또는 가정교육이 너무 엄하거나 그 반대일 때, 아니면 허영심과 욕심이 많기 때문이다. 그리고 이보다 조금 큰 아이들은 심리적인 요인에 의해 도둑질을 하기도 한다. 그래서 부모가 도둑질을 왜 했는지 추궁하면 아이들은 억울해하며 이렇게 말한다.

"왜 엄마 돈을 가져가면 안 돼요?"
"왜 이모 그림책 갖고 집에 오면 안 되는데요?"

어린아이가 잘 몰라서 하는 도둑질을 두고 부도덕한 행위라고 질타하기는 어렵다. 하지만 부모의 합리적인 지도가 필요한 것만은 분명하다. 따라서 부모는 도둑질이 왜 나쁜지 구체적인 이유를 들어 설명해주고, 아이의 행동을 개선하도록 지도해야 한다. 아이가 가장 좋아하는 물건을 잃어버리면 어떤 기분이 들겠냐고 물어보면서 다른 사람의 입장을 이해시켜주는 것도 좋은 방법이다. 이보다 더 큰 아이들에게는 도둑질이 얼마나 창피한 행동인지 직접적으로 말해줘도 된다. 일단 도둑질이 사회에 얼마나 피해를 주는지 이해하면 옳고 그름에 대한 판단이 생기므로 진심으로 뉘우치고 다시는 물건을 몰래 가져오지 않을 것이다.

"다른 사람의 물건을 그냥 가져오는 게 도둑질이 아니고 뭐니? 또 한 번만 더 이런 짓 했다간 그땐 엄마한테 맞을 줄 알아. 내일 유치원 가는 대로 바로 제자리에 갖다 놔!"

아이가 몰래 다른 사람의 물건을 가져왔다면 분명 부모의 바른 지도가 필요하다. 하지만 지도를 하더라도 너무 과격하지 않게 해야 한다. 아이를 큰 소리로 꾸짖고 때리면서 죄책감을 불러일으키면 역효과가 날 수도 있기 때문이다. 따라서 부모는 아이에게 도둑질이 왜 나쁜지 말해주고, 구체적인 방법을 구상하여 아이가 잘못을 고치도록 지도해야 한다.

"다른 사람 물건을 몰래 가져오는 건 도둑질이기 때문에 경찰 아저씨가 잡아갈 거야."

부모는 아이가 다른 사람의 물건을 훔치지 않고, 이를 스스로 잘 지켜나가도록 해야 한다. 그러므로 도둑질은 나쁜 짓이고, 법을 어기는 행동이라고 분명하게 말해줘야 한다. 하지만 그렇다고 너무 겁을 줄 필요는 없다. 그렇지 않으면 아이는 괜한 걱정을 하며 마음을 졸이게 된다.

"다른 사람의 물건을 그냥 가져오는 건 좋은 행동이 아니야. 그건 옳지 않은 일이거든. 만약 유치원 친구들이 모두 너처럼 좋아하는 장난감을 하나 둘 집으로 가져가면 앞으로 놀이 수업시간에는 뭘 갖고 놀 수 있겠니? 장난감 내일 꼭 유치원에 갖다놓고 선생님께 죄송하다고 말씀드려. 다시는 안 그러겠다고 말이야."

아이들이 다른 사람의 물건을 허락 없이 가져오는 것은 소유개념이 확실하지 않기 때문이다. 따라서 아이에게 모든 물건은 누군가의 소유이며, 남의 물건을 함부로 갖고 오면 안 된다는 것을 이해시켜야 한다. 가져온 물건은 주인에게 반드시 돌려주게 하고, 아이가 부모의 가르침대로 물건을 돌려주고 온다면 그때는 잘했다고 칭찬해주자.

"모든 물건에는 다 주인이 있어. 저기에 있는 장난감 버스는 네 것이고 엄마가 팔에 차고 있는 시계는 엄마 것인 것처럼. 그런데 만약에 엄마가 저 버스를 네게 말하지도 않고 맘대로 옆집 동생한테 줬다고 해보자. 넌 갑자기 갖고 놀던 장난감이 없어졌으니 얼마나 속상하겠니? 장난감이 어디 있는지 모르니까 찾을 수도 없고, 놀고 싶어도 놀 수가 없을 거야. 엄마랑 같이 버스놀이도 못하고 말이야. 마찬가지로 물건 주인이 없을 때 허락을 안 받고 그 물건을 가져오면 물건 주인은 얼마나 속이 상하겠니? 또 유치원에 있는 장난감은 선생님과 유치원 친구들 모두의 것인데, 네가 집으로 가져와 버리면 다른 친구들은 그걸 갖고 놀 수 없잖아. 그러니까 내일 유치원에 가면 북을 제자리에 갖다 놓고, 선생님께 잘못했다고 말씀드려."

질문 35

> ## 아빠는 왜 거지를 안도와 주세요?

　어느 화창한 일요일, 정욱이는 아빠와 함께 동물원에 갔다. 차에서 막 내렸을 때, 그리 멀지 않은 다리 위에서 서너 명의 거지들이 땅에 머리를 조아리며 돈을 구걸하는 모습이 보였다. 하지만 아빠는 다리를 건너면서도 거지에게는 한 푼도 주지 않았다. 정욱이는 이런 아빠의 모습이 못마땅했던 터라 아빠에게 돈을 타서라도 거지를 돕고 싶었다. 하지만 아빠는 이것마저도 매정하게 거절하고 말았다.
　"아빠는 왜 거지를 안도와 주세요?"

　맹자는 사람은 태어날 때부터 선한 마음을 갖고 태어난다는 성선설을 주장했다. 이렇듯 약자를 동정하고 도와주는 것은 우리나라에서도 아름다운 미풍양속으로 전해지고 있으며, 각 가정의 부모와 학교, 사회에서도 그렇게 지도하고 있다. 하지만 아이들은 가끔 자신들이 배운 것과 현실이 다른 모습을 발견하면 이를 의아해하며 이런 질문을 한다.

"엄마, 불쌍한 거지를 우리 집에 데려가서 밥 주시면 안 돼요?"
"이모는 왜 거지한테 그렇게 불친절하게 구세요?"

서로를 이해하고, 동정하고, 도와주는 것은 우리 모두가 지켜야할 덕목이다. 이웃을 사랑하고, 온정이 넘치는 사회를 만들기 위해서는 모두의 노력이 필요하기 때문이다. 따라서 각 가정과 사회는 책임감을 갖고 아이들에게 어려서부터 착한 마음씨와 동정심을 길러주고, 그 방법을 보다 효과적으로 가르쳐주기 위해 노력을 해야 한다.

"저 거지들 다 가짜야. 그런 사람들을 뭣 하러 도와주니?"

부모가 무정한 행동을 보이고, 도움이 필요한 사람들을 무시하는 것은 아이의 착한 마음씨를 죽이는 것이나 다름없다. 이런 부모아래서 보고 배우면 선량함과 사랑으로 넘치던 아이들의 마음도 점점 차갑게 식어갈 것이다.

"우리 집도 힘든데 거지 도와줄 돈이 어디 있니?"

생각이 잘못되면 결국 교육이 잘못될 수밖에 없다. 이렇게 대답해주면 아이는 마음의 상처를 받고 아빠를 불신하게 될 수도 있다.

> "네가 한번 봐. 이분들 중에 누구를 도와드려야 할까? 저기 앞에 있는 아저씨가 앞도 못 보시고 하니까 저분한테 드리는 게 좋겠다."

　두 아이를 천재로 키워 '리틀 아인슈타인의 어머니'라 불리는 진경혜 씨는 미래 사회에서는 도덕적인 사람이 승리한다고 했다. 아닌 게 아니라 무분별한 대중문화의 영향으로 나날이 윤리 문제가 심각해지다 보니 도덕성을 갖춘 리더를 요구하게 되었다. 따라서 아이를 미래 사회의 리더로 키우고 싶다면 지적인 능력을 가르치는 데 급급하지 말고 가정에서부터 윤리의식을 심어주어야 한다. 윤리의식을 가르치는 데에는 부모의 솔선수범이 가장 효과적이다. 입으로 아무리 윤리를 강조한들 부도덕한 행동을 한다면 소용이 없으므로, 일상 생활에서 타인을 생각하고 도리를 중요하게 여기는 태도가 필요하다.

　이 경우 사지가 멀쩡한 사람이 거짓으로 거지 분장을 해서 다른 사람들의 동정심을 축내는 것이라면 절대로 용납해서는 안 된다. 하지만 정말로 도움이 필요한 사람에게는 기꺼이 도움의 손길을 내밀 수 있어야 한다. 따라서 부모는 아이에게 길거리나 상점을 돌아다니며 구걸을 하는 것은 옳지 않은 행동이며, 자선단체에 기부하면 얼마든지 불우한 이웃을 도울 수 있다고 말해줘야 한다.

"이 세상에는 자신의 힘으로 살아갈 수 없는 사람들이 있어. 돌봐줄 부모가 없는 아이들이나 몸이 불편한 장애우들, 또 나이가 많은 노인같은 사람들이지. 그들은 일을 할 수 없기 때문에 누군가 도와주지 않으면 살 수 없단다.

그들을 돕는 방법에는 여러가지가 있어. 구걸하는 사람들에게 돈을 주는 방법도 그 중 한가지야. 그런데 이 방법은 구걸하러 나온 사람 밖에 도울 수 없으니 가장 좋은 방법이라고 할 수는 없어. 그리고 구걸하는 사람 중에는 몸이 건강하면서 아픈 척하는 사람도 있으니 우리가 직접 돈을 주는 것보다 자선단체같은 곳에 기부해서 정말 도움이 필요한 사람들을 도와주는 게 더 좋단다."

질문 36

> **선생님이 시키면
> 무조건 다 따라야 돼요?**

내일이면 연지는 초등학생이 된다. 엄마는 학교생활에 대해 당부를 했다.

"이제 너도 다 커서 초등학교에 들어가는구나. 학교에 가면 더 많이 배우고, 친구도 많이 사귈 수 있을 거야. 교실에서는 열심히 공부하고, 친구들과도 싸우면 안 돼. 그리고 꼭 선생님 말씀 잘 들어야 한다. 그래야 착한 학생이야."

그러자 연지는 궁금하다는 듯 엄마에게 말했다.

"그러면 선생님이 시키면 무조건 다 따라야 돼요?"

알고 보면 아이들은 주변의 친한 사람들에게서 상처를 가장 많이 받는다고 한다. 친한 사람들을 별로 경계하지 않고, 어떤 행동을 어느 정도까지 허락해야 되는지 잘 모르기 때문에 쉽게 상처를 받는다는 것이다. 따라서 부모는 이런 질문을 받으면 친한 사람이라고 함부로 행동해서 안된다는 것을 가르칠 기회로 삼아야 한다.

"선생님이 짝꿍 볼을 꼬집으라고 하면 꼬집어야 돼요?"
"선생님이 혼자사는 집에 오라는 데 가도 돼요?"
"선생님이 내 몸을 만져도 가만히 있어야 돼요?"

부모는 아이가 스스로 자신을 보호하여 위험한 일을 당하도록 가르쳐야 한다. 이를 위해 해도 되는 일과 안 되는 일을 잘 구분시켜주자.

"당연히 선생님 말씀을 잘 들어야지. 그래야 더 많이 배울 수 있으니까."

자고로 선생님을 존경하고, 선생님 말씀을 잘 들으라는 말은 무수히 많은 부모들이 입이 닳도록 하는 말이다. 하지만 이는 선생님이 절대권위자이며, 무조건 복종해야 한다는 잘못된 생각을 심어줄 수 있다. 아이가 올바른 가치관을 갖고 안전하게 학교생활을 하기 바란다면 이런 맹목적인 교육을 삼가야 한다. 선생님의 말이라도 옳고 그름을 구분하여 따를지 여부를 선택하라고 가르치는 것이 올바른 지도이다.

"어떤 말은 들어야 되고, 어떤 말은 안 들어도 돼."

선생님이 아이의 권리를 침해할까봐 걱정되는 마음은 이해가 간다.

하지만 이렇게만 말해주면 아이는 과연 어떤 말을 들어야 하고, 어떤 말을 안 들어도 되는지 정확한 기준을 알 수 없다. 도대체 아이보고 어떻게 하라는 말인가?

"선생님이 말씀하시면 그 말이 옳은 말씀인지 아닌지 잘 생각을 해봐야 돼. 만약에 선생님이 누굴 때리고, 욕하고, 상처를 주라고 말씀하시면 이런 말은 들어서도 또 따라서도 안 돼. 그리고 혹시나 선생님이 너 혼자만 구석진 곳으로 데려가서 네 몸이 얼마나 자랐는지 보자면서 옷을 벗어보라고 시키거나 막 만지려고 하면 절대로 그렇게 못하게 하고 엄마한테 말해. 네 몸은 엄마가 목욕 시켜줄 때나 의사 선생님이 진찰할 때에만 만질 수 있는 거니까. 특히나 수영복으로 가리는 부분은 아무도 만지게 해서는 안 돼. 알았지?"

이렇게 대답해주면 아이는 선생님의 어떤 말을 따라야 하고, 또 안 따라도 되는지 알게 된다. 다른 사람이 자신의 신체 부위 중에서 어디까지 만져도 되는지 구체적으로 알려주어야 한다. 예를 들면 볼에 뽀뽀를 하는 것은 괜찮지만 입술에 하는 것은 안 되고, 수영복으로 가려지는 부분은 가장 비밀스러운 신체 부위이므로 만지게 하면 안 된다는 사실을 알려주자. 또 만약 아무리 가까운 사람이라도 이해할 수 없고 받아들일 수 없는 요구를 하면 거절하고, 바로 부모에게 알리라고 말해주자.

"학생이라면 당연히 선생님을 존경해야지. 하지만 선생님이 말씀을 하시거나 뭘 하라고 시키시면 무조건 따라할 것이 아니라 잘 생각해 봐야 해. 만일 잘못된 일을 시킨다면 굳이 따를 필요는 없어. 예를 들어 선생님이 혼자 사는 집에 같이 가자고 하거나, 선생님이 해야 할 일을 도와 달라고 하면 말이야. 만약에 네 생각에 그럴 필요가 없는 것 같으면 "선생님, 전 잘 못할 것 같아요", "죄송해요. 엄마가 집에 일찍 오라고 하셨어요"라고 하면서 선생님이 기분 나쁘지 않게 거절해. 만약에 도저히 안 된다고 못할 것 같으면 "선생님, 그럼 누구누구랑 같이 갈게요"라고 말해봐. 그래야 걱정스러운 일이 덜 생길 테니까."

질문 37

"
짐 정리 해드렸으니깐
용돈 주실 거죠?
"

　지원이는 요즘 미국에서 제작한 어린이 드라마에 푹 빠졌다. 특히 어린 주인공이 연출하는 재미있는 장면을 볼 때면 배를 움켜쥐고 숨넘어갈 듯 웃는다. 사실 지원이는 이 드라마를 본 뒤에 굉장히 부지런해졌다. 주인공에게서 중요한 정보를 얻었기 때문인데, 그것은 바로 방 정리를 하고 난 뒤 엄마에게 용돈을 달라고 조르는 것이다.

　그러던 어느 일요일, 멀리 출장을 갔던 아빠가 집으로 돌아왔다. 그러자 지원이는 얼른 아빠에게로 달려가 짐 가방을 받고, 신발을 정리하고, 짐 정리까지 도와줬다. 그런데 갑자기 변한 아들의 기특한 모습에 아빠가 칭찬을 해주려던 찰나, 지원이가 아빠에게 이렇게 말했다.

　"짐 정리 해드렸으니 용돈 주실 거죠?"

　어릴 때 부모의 보살핌을 받는데 익숙해 있던 아이들은 집안일을 함께 하거나 어른을 도와줘야하는 이유를 알지 못한다. 그래서 다음과 같이 묻곤 한다.

"왜 아빠한테 슬리퍼를 가져다 드려야 돼요?"

"제가 방 청소하면 엄마는 어떤 상을 주실 건데요?"

아이들이 이런 질문을 하면 가족들이 살아가기 위해서는 여러 가지 할 일이 많다는 것을 알려주고 서로 도와야 한다고 말해 주어야 한다. 가족들이 나누어 일을 하면 금방 마칠 수 있지만 엄마 혼자 모든 일을 하면 오래 걸릴 뿐 아니라 힘들다고 말해줄 필요가 있다.

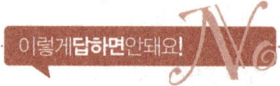

"얘 좀 봐라. 돈 달라고 하는 건 어디서 배웠어? 그럼 아빠도 여태껏 널 키워줬으니까 너한테 돈 받아야겠네?"

아이와 이런 일로 입씨름을 할 필요가 있을까? 아이는 아직 가족 구성원으로서 집안일을 분담해야 한다는 개념이 없어 이렇게 말했을 뿐이다. 부모는 이번 일을 기회로 삼아 가족끼리는 서로 집안일을 분담해야 한다고 교육시켜야 한다.

"좋아. 이번 한번만 줄게. 하지만 다음부터는 어림도 없어."

가끔씩 '상'을 주는 것은 아이의 적극성을 자극하는 당근이 된다. 하지만 이를 남용하면 아이가 끝도 없이 바라게 되고, 배금주의에 물들 수 있으므로 신중해야 한다. 부모가 다음번에는 어림도 없다고 말했지만 그런 상황이 또다시 안 일어난다는 보장은 없다. 이렇게 되면 아이는 결국 대가가 없으면 도움을 주지 않는, 매우 이기적이고 편협하며 심지어 다른 사람을 이용하는 사람이 될 수도 있다. 아이를 '물질'로 다스리기에 앞서 다시 생각해 보자.

"정말 잘했어. 아빠를 도와줬으니까 당연히 칭찬해줘야지. 이리 와봐. 아빠가 뽀뽀해줄게. 그런데 지원아, 돈을 달라고 하는 건 옳지 않아. 가족끼리는 서로 보살피고 사랑하고 집안일을 함께 해야하는 건데, 돈을 받고 한다면 가족을 위해서 일하는 게 아니라 돈을 위해 일을 하게 돼"

아이가 집안일을 돕도록 격려하는 것은 좋은 교육방법이다. 하지만 그 방법이 정신적인 격려로 끝나야지 물질적인 격려로까지 이어져서는 안 된다. 그밖에 부모는 아이에게 가족 구성원은 모두 가정에 대한 책임과 의무가 있다고 말해주어야 한다. 여기서 집안일을 분담하는 것은 가정에 대한 책임과 의무를 다하는 일종의 방식이자 사랑의 표현으로, 돈을 바라지 않고 가족을 사랑하는 마음으로 임무를 다하도록 지도해야 한다.

"아니, 너도 우리 가족이잖아. 가족끼리는 서로 사랑하고 보살피고, 집안일도 함께 해야지. 네가 아빠 짐 정리를 도와준 건 그만큼 아빠를 사랑하고 보살펴주고, 우리 가족을 위해서 무언가 노력했다는 뜻이야. 우린 한 가족이니까 이건 당연한 일이지. 그리고 네가 칭찬받는 것도 당연한 일이고. 하지만 그렇다고 용돈을 달라고 하면 안 된단다. 그동안 집안일을 도와주려고 애쓰는 모습이 가상해서 엄마가 몇 번 용돈을 주긴 했지만, 돈을 받기 위해 선행을 하는 건 옳지 않아. 가족을 위해서 집안일을 한 건 자기가 해야 할 일을 한 것일 뿐이야. 용돈은 집안일을 하는 것과 별개로 네 스스로 자기 돈을 관리할 수 있는 능력과 경제 개념을 심어주기 위해 주는 거란다. 가족과 가정을 위해 하는 일은 우리 가족을 위해 구성원 모두가 배워야 할 책임 중의 하나란 걸 명심했으면 좋겠구나."

질문 38

> **선생님은 친구들한테 노래 불러준 게 뭐가 나쁘다고 절 혼내신 거예요?**

유나는 노래 부르기를 너무나 좋아하는 아이다. 유나가 노래를 부르면 온 가족이 즐거워하고, 유치원 선생님은 유나를 아예 오락부장으로 뽑기까지 했다. 하지만 그런 유나가 오늘은 노래를 불러서 선생님께 혼나고 말았다. 모두 조용히 앉아 수학 문제를 풀고 있을 때, 연필로 책상을 두드리며 노래를 불렀기 때문이다. 선생님은 화를 내며 유나를 일으켜 세웠고, 그것도 모자라 엄마에게까지 알렸다. 집으로 돌아온 유나는 매우 억울해하며 입을 열었다.

"선생님은 노래부른 게 뭐가 나쁘다고 절 혼내신 거예요?"

아이들은 규칙에 대한 개념을 아직 확실히 이해하지 못하므로 상황을 고려하지 못한 채 마음대로 행동하기도 한다. 부모가 행동을 바로잡아주려 하면 아이들은 이렇게 대꾸한다.

"애들이랑 얘기만 했을 뿐인데 선생님은 왜 절 혼내세요?"

"체육시간에 애들한테 이야기해주고 싶은데 왜 선생님은 안 된다고 할까요?"

아이들은 자기 중심적으로 세상을 보기 때문에 자신의 행동이 잘못되었다는 것은 생각하지 않고 선생님이 야단친 것만 기분 나쁘게 여길 수 있다. 따라서 부모는 아이가 선생님과 친구들의 입장을 생각해볼 수 있도록 안내할 필요가 있다.

"이런 바보야! 수업시간에 노래 부르는데 어느 선생님이 가만히 계시겠니?"

아이가 알았다면 수업시간에 노래를 불렀을까? 이제 막 규칙을 배우고 기본예절을 익히러 유치원에 간 철부지가 아닌가.

"속상해하지 마. 다음부터 안 그러면 되니까."

아이가 말썽을 피웠는데 부모가 이를 너그럽게 봐주는 것은 더 심한 말썽을 피우라고 격려해주는 것이나 마찬가지이다. 따라서 부모는 아이가 어려서부터 규칙을 지키고, 말과 행동에 대한 바른 기준을 세우도록 지도해야 한다.

"수학 시간에는 조용히 해야지. 네가 노래를 부르면 다른 친구들에게 방해가 되잖아. 그건 옳지 않은 행동이야. 다음부터는 노래를 하고 싶으면 공부 시간이 끝난 다음에 하거나 음악시간에 하도록 해. 그러면 모두 좋아할 거야."

수학 시간에 노래를 부르면 수업 분위기가 흐려져 다른 아이들이 집중해서 공부할 수 없으므로 이는 잘못된 행동이라고 분명하게 말해주어야 한다. 또한 노래는 쉬는 시간이나 음악 시간에 불러야 하듯이 사람은 상황에 맞는 행동을 취해야 한다는 사실도 알려줘야 한다. 조용히 해야 할 때에는 모두가 조용히 있어야 하는 것처럼 말이다.

"노래 부르는 건 정말 신나는 일이야, 그렇지? 하지만 수업 시간에는 조용히 해야지. 네가 노래를 부르면 다른 친구들이 공부하는 데 방해가 되잖아. 선생님도 그래서 널 혼내실 수밖에 없었던 거야. 사람은 상황에 맞게 행동을 해야 해. 수업 시간은 조용해야 되니까 모두 조용히 있어야 하고, 선생님이 가르쳐주시는 걸 잘 배워야 돼. 하지만 수업이 끝나고 쉬는 시간에는 노래를 해도 돼. 또 음악 시간에는 선생님이 노래와 춤을 가르쳐주시니까 네 노래 실력을 친구들 앞에서 뽐내도 되고 말이야. 그

러니까 어떤 일을 하기 전에는 내가 지금 어떤 곳에 있고, 또 어떤 일을 하는 것이 어울릴지 한번 생각해봐. 그러면 실수를 하는 일이 줄어들 테니까."

질문 39

> **아빠는 누워서 책 읽으시는데
> 왜 전 안 돼요?**

어느 날, 혜영이는 거실에서 동화책을 읽고 있었다. 책 내용에 흠뻑 빠져 계속 읽다 보니 혜영이의 몸은 조금씩 뒤로 젖혀져 결국에는 소파에 완전히 드러눕고 말았다. 그런데 마침 장을 보고 돌아온 엄마가 혜영이에게 앉아서 책을 읽으라며 따끔하게 혼냈다. 그러자 혜영이가 억울해서 대꾸했다.

"저번에 아빠는 누워서 책 읽으셨는데 왜 전 안 돼요?"

아이들의 습관은 부모와 주변의 가까운 인물들의 영향을 많이 받는다. 심지어 어떤 아이들은 평생 동안 그들의 영향권에서 벗어나지 못하기도 한다. 아이가 나쁜 습관에 물들지 않길 바라는 것은 모든 부모의 한결같은 마음일 것이다. 그래서 부모들은 아이에게서 나쁜 습관을 발견하면 그런 행동을 못하게 한다. 하지만 부모도 모르고 있는 사실이 있다. 바로 이러한 습관은 무의식중에 부모가 아이에게 가르쳐준 것이란 사실이다. 그래서 부모에게 배운 행동을 부모 자신이 못하게 하면 아이들은 의아해하며 이렇게 질문한다.

"엄마는 손 안 씻고 식사하시면서 왜 전 안 된다는 거예요?"

"왜 엄마 아빠는 욕하면서 전 못하게 해요?"

만약 아이를 건강하게 잘 키우고 싶다면 아이의 습관을 엄격하게 다스리기 전에 자신의 나쁜 습관부터 고쳐야 한다.

"애들이랑 어른이랑 같니?"

나쁜 습관은 어른, 아이를 가리지 않고 모두에게 나쁘다. 아이의 첫 번째 스승으로서 부모는 자신의 권리를 잘 행사하고, 모범적인 행동으로 아이에게 좋은 영향을 미쳐야 한다. 그렇지 않으면 아이는 부모가 하는 나쁜 행동 그대로 따라한다.

"그건 아빠가 잘못한 것이긴 해. 근데 넌 어떻게 된 애가 좋은 건 안 배우고 그런 나쁜 짓만 골라서 배우려고 하니?"

옛말에 '붉은 것을 가까이하면 붉어지고, 검은 것을 가까이하면 검어진다.'는 근주자적, 근묵자흑(近朱者赤, 近墨者黑)이라는 말이 있다. 과연 아이는 왜 나쁜 행동을 배우려는 것일까? 부모는 그 이유를 잘 생각해봐야 한다.

"누워서 책을 읽는 건 나쁜 습관이야. 그래서 아빠도 고치려고 노력하고 있어. 그런데 한번 들인 습관은 고치기가 너무 힘들단다. 엄마 아빠는 네가 좋은 습관을 가졌으면 좋겠구나."

부모라고 해서 완벽할 수는 없다. 좋지 않은 습관을 가질 수도 있는 것이다. 그러나 좋은 부모는 자신의 나쁜 습관을 갖고 있다는 것을 깨달았을 때 고치려고 노력한다. 부모가 자신의 잘못을 인정하고 노력하는 모습을 보여주는 것만큼 훌륭한 교육은 없다.

"누워서 책을 보는 건 아주 나쁜 습관이야. 왜 그런 줄 아니? 누워서 책을 보면 책이 형광등 불빛을 가려서 너무 어두워지고, 또 글자를 너무 가까이서 보기 때문이야. 그럼 눈이 나빠져서 안경을 써야 될지도 몰라".

공부 안 하는 학교는 없어요?

　규리는 원래 매우 활발하고 귀여운 꼬마숙녀였다. 그런데 초등학교에 입학한 뒤부터는 자기가 제일 좋아하는 인형도 땅바닥에 내팽개칠 정도로 성격이 신경질적으로 변했다. 규리의 이런 변화에 엄마는 그저 당혹스럽기만 할 뿐이다. 날이 갈수록 규리는 공부하는 것이 너무 힘들고 어렵다며 학교에 가기를 두려워했다. 그러던 어느 날, 규리는 엄마가 학교까지 데려다주는 길에 결국 두려움을 참지 못하고 이렇게 말했다.
　"엄마, 공부 안 하는 학교는 없어요?"

　교육을 받는 것은 아이들의 권리이자 의무다. 하지만 아이들에게는 아직 이 개념이 확실히 잡혀 있지 않기 때문에 수업이 너무 어렵다느니 교칙이 너무 엄하다느니, 선생님이 무섭다느니, 반 친구들이 우호적이지 않다느니, 갖가지 이유를 대며 학교에 안 가려고 한다. 그래서 학교를 마치 좋은 것이 하나도 없는 곳으로 묘사하여 최대한 그 고역에서 벗어나고자 부모에게 이런 '무리'한 요구를 하기도 한다.

"학교 안 다니면 안 돼요?"

"초등학교까지만 다니고 학교 그만 두면 안 돼요?"

아이가 학교에 가기 싫어하면 부모는 그 이유가 무엇인지 알아봐야 한다. 그래야 근본적인 문제가 해결돼서 아이가 학교에 즐겁게 다닐 수 있다. 유치원에서 초등학교로 이어지는 체계에 잘 적응하도록 지도하는 것은 매우 중요하다. 학교는 과학, 문화, 사회, 인간관계와 같은 다방면의 지식과 재능을 체계적으로 익힐 수 있는 과정이기 때문이다.

"공부 안 하는 학교가 세상에 어디 있니?"

아이의 질문은 공부하기 싫은 마음에서 비롯된 것인데, 이런 식으로 대답하게 되면 아이는 자신의 마음을 헤아리지 않는 부모에게 서운한 감정을 느낄 수 있다.

"공부 안 하는 학교에 가서 뭘 배우려고?"

학교에서 공부를 하는 것은 훌륭한 인재가 되기 위한 하나의 방법으로 이는 부모가 자신의 아이를 위해서 선택한 교육방식이다. 아이가 이를 스스로 선택할 수는 없지만 자신의 의견을 제시할 수 있는 권리는 존중되어야 한다. 따라서 부모는 아이가 자신의 의견을 말하면 인내심을 갖고 현실적인 상황을 잘 설명하면서 왜 학교를 다녀야 하는지 충분히 생각해보게 해야 한다.

"너 과학자가 되고 싶다고 하지 않았니? 과학자가 되려면 공부를 많이 해야 돼. 근데 학교에 가지도 않겠다면 어떻게 커서 과학자가 될 수 있겠어. 네가 학교 공부를 하느라 힘들다는 건 잘 알아. 하지만 열심히 수업 듣고 선생님과 친구들에게 많이 배우면 공부를 잘할 수 있을 거야. 우리 이렇게 하자. 앞으로는 엄마가 네 실력이 좋아지도록 공부할 때 옆에서 많이 도와줄게. 네 생각은 어떠니?"

아이가 학교에 가기 싫어할 때는 미래의 꿈으로 학습에 대한 흥미를 유발시키는 것이 좋다. 아이들이 학교에 가기 싫어하는 이유는 공부를 하다가 어려운 점이 생겼기 때문이므로 부모는 아이가 공부를 좀더 쉽게할 수 있도록 적극적으로 도와주어야 한다. 좋은 학습 방법을 소개시켜주고, 필요에 따라 선생님 도움을 청해도 좋다.

아이의 천재성을 깨우는 현명한 엄마의 대답 *Good*

"학교에 가서 공부하면 많은 지식을 배울 수 있어. 그것을 밑바탕으로 나중에는 더 어려운 공부도 쉽게 할 수가 있지. 초등학교가 바로 그런 준비를 하는 곳이란다. 하지만 학교에 가기 싫다고 안 가면 어떻게 될까? 나중에 네가 하고 싶은 걸 할 수가 없게 돼. 넌 과학자도 되고 싶고, 의사 선생님도 되고 싶고, 학교 선생님도 되고 싶다며? 그러려면 학교에 다니면서 열심히 공부를 하는 게 좋을 거야."

질문 41

> 왜 친구 앞에서 제 체면을 깎으세요?

일곱 살 난 태백이는 굉장히 체면을 차리는 아이이다. 그래서 다른 사람들이 자신을 어떻게 생각하는지를 매우 중요하게 생각한다. 어느 날, 같은 반 친구 세윤이가 태백이의 집에 고무찰흙 놀이를 하러 왔다. 방금 방 청소를 막 마친 태백이의 엄마는 아이들에게 방을 더럽히지 말고 깨끗이 놀라고 몇 번씩이나 강조를 하며 부탁했고, 아이들은 순순히 "네"라고 대답했다. 하지만 채 삼십분도 지나지 않아 방바닥은 아이들이 던지고 뭉개놓은 찰흙으로 엉망진창이 되고 말았다. 아이의 방에 들어온 엄마는 눈앞에 펼쳐진 광경에 너무 화가 나 태백이를 무섭게 야단쳤다. 옆에서 우물쭈물 거리며 서 있던 세윤이는 슬며시 집으로 돌아갔다. 세윤이가 떠난 뒤 태백이는 화가 단단히 나서 엄마에게 한마디 쏴붙이고 말았다.

"엄마는 왜 친구 앞에서 제 체면을 깎으세요?"

다른 사람들 앞에서 혼내면 아이가 더욱더 자신의 잘못을 뉘우칠 것이라고 오해하는 부모들이 있다. 하지만 실상은 이와 다르다. 대부분의 아이들은 다른 사람 앞에서 체면 깎이는 것을 싫어해서 이렇게 항의한다.

"왜 옆집 아줌마 앞에서 절 창피주세요?"
"엄마는 왜 꼭 사람 많은 곳에서 절 야단치세요?"

아이들 중에는 자의식이 강하고, 자존심이 강해서 주변 사람의 시선을 의식하는 아이도 있다. 대부분의 부모는 이런 아이의 자존심과 체면을 별 것 아닌 양 취급하지만 아이는 다른 사람 앞에서 부모에게 혼나면 마음에 상처를 받고, 부모를 미워할 수도 있다.

아이에게 자존심이 있다는 것은 매우 바람직한 일이다. 따라서 부모는 아이의 자존심을 존중해줄 필요가 있다.

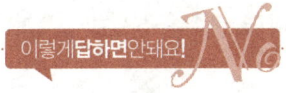

"조그만 애가 무슨 체면이야!"

어린 아이라고 함부로 대하면 아이는 자신을 하찮은 존재로 여기게 된다. 자존감을 잃게 되는 것이다. 자존감이 없는 아이는 매사에 의욕이 없어서 공부도 대인관계도 잘 할 수 없다. 아이를 의기소침한 사람으로 키우고 싶지 않다면 이런 식의 반응은 절대 하지 말자.

"잘못해놓고 무슨 할 말이 있어! 앞으로는 집에 친구들 데리고 오지 마."

아이를 혼내는 속셈을 너무 많이 드러낸 것은 아닐까? 이는 친구 앞에서 아이의 체면을 깎는 일일 뿐만 아니라 아이의 친구를 싫어한다는 뜻도 같이 내비친 것이나 다름없다. 과연 이런 부모가 아이와 서로 잘 지낼 수 있을까?

"미안해. 네가 이렇게까지 속상해하는 줄은 몰랐어. 앞으로는 그러지 않도록 조심할게. 그럼 이제 우리 같이 방 청소하자."

창의성 교육 전문가인 토렌스 교수는 어른이 된 영재들에 대하여 그들의 어린 시절, 자신을 변화시킨 교사들이 어떠했는지를 조사했다. 그들이 말한 공통점은 다음과 같다.

'자신의 능력을 인정해 주고 감정을 이해해 주었다. 배우는 일이 즐겁고 기쁘며, 다른 사람들과 공유할 수 있다는 것을 깨닫게 해주었다. 흥미 있는 일에 푹 빠질 수 있도록 격려를 아끼지 않았다. 자신이 필요한 것이 무엇인지를 알려 주었다. 친구와 어울리게 도와주고, 언제나 자신의 질문과 대답을 비웃지 않고 들어 주었다. 자신의 능력이 뛰어남을 스스로 깨닫게 해 주었다.' 그야말로 아이의 마음을 이해하고 격려해 줌으로써 기죽지 않고 자신의 능력을 계발할 수 있도록 도와주었다는 것이다.
아이가 자신의 능력을 최대한 발휘하는 사람으로 성장하기 바란다면 부모는 아이의 감정을 존중해주고 배려해주어야 한다.

아이의 천재성을 깨우는 현명한 엄마의 대답 *Good*

"엄마가 일부러 혼내려고 한 건 아닌데 미안해. 하지만 한번 생각해봐. 엄마가 힘들어서 청소한 곳을 너희가 도로 어지럽혀 놓았는데 기분 좋을 리 있겠니? 그리고 고무찰흙을 아무렇게나 땅에 던지면 안 되는 거야. 그럴 땐 탁자나 바닥에 신문을 깔고 놀아야지. 그래야 방이 더러워지지 않고, 놀고 난 다음에 신문에 떨어져 있는 고무찰흙을 다시 모아서 다음에 또 놀 수 있거든. 아껴 쓰는 게 좋잖아. 앞으로는 엄마가 그렇게 무섭게 화내지 않을게. 대신 너도 엄마 아빠 마음을 좀더 헤아려 줬으면 좋겠구나."

질문 42

❝
남자는 왜 울면 안 돼요?
❞

어느 일요일, 하민이의 엄마 아빠는 아이를 데리고 고모 집을 방문했다. 식사 시간 전, 하민이는 사촌 누나와 장난감 하나를 놓고 서로 차지하려고 다투다가 그만 사촌 누나를 울리고 말았다. 그런데 하민이도 울고 싶기는 마찬가지였다. 사촌 누나가 하민이의 오른쪽 볼을 아프게 꼬집고 때렸기 때문이다. 하민이가 울먹거리자 아빠가 달려와 말했다.

"남자는 우는 거 아니야. 뚝!"

아빠의 말에도 불구하고 하민이는 눈물을 참지 못하고 울음을 터트렸다. 아빠는 못마땅하다는 듯 하민이를 야단쳤다. 하민이는 억울해하며 말했다.

"왜 남자는 울면 안 돼요?"

예로부터 남자는 강하게 그리고 여자는 온순하게 키워야 한다는 말이 있다. 그래서 '남자는 태어나서 세 번 운다.', '남자는 경솔하게 무릎을 꿇지 않는다.', '여자는 웃을 때 이를 보이면 안 된다' 와 같은 말들이 생겨났다. 하지만 아이들은 이런 말의 뜻을 이해할 수 없어 묻고는 한다.

"왜 남자는 태어나서 세 번만 울어야 돼요?"
"왜 남자는 쉽게 무릎을 꿇으면 안 돼요?"
"왜 여자는 웃을 때 이를 보이면 안 돼요?"

어른들이 무심코 던지는 말 중에는 낡은 고정관념이나 왜곡된 사고가 깃들어 있는 것들이 많다.
이는 미래사회를 살아가는 아이들에게 자칫 편협한 사고방식을 갖게 할 수 있으므로 잘 생각해 볼 필요가 있다.

"남자가 울어? 부끄럽지도 않니?"

부모가 이렇게 대답하면 아이는 더욱더 속상해하며 상처를 받는다. 남자든 여자든 아픈 것은 아픈 것이다. 따라서 이럴 때에는 이렇게 다그칠 것이 아니라 아이를 꼭 껴안으며 따뜻하게 위로해줘야 한다.

"남자의 눈물은 천금같이 귀해야 하는 법이야."

아이에게 괜히 어렵게 말하지 말자. 눈물을 흘리는 것이 나쁜 일인가? 남자아이도 엄연히 '아이'다. 만약 아이가 마음속의 상처와 억울함을 표출하지 못한 채 계속해서 억압해두면 시간이 갈수록 성격이 점점 냉담하고 우울하게 변할지도 모른다.

"그래, 울고 싶으면 그냥 울어. 하지만 울보는 되지 마. 알았지? 운다고 문제가 해결되는 건 아니잖아. 자! 그럼 우리 이제 그만 밥 먹으러 가자."

'남자는 울면 안 된다'는 식의 고정관념은 성차별 의식을 불러일으킬 뿐 아니라, 감정을 억압하게 하므로 좋지 않다. 남녀를 불문하고 감정을 솔직하게 표현하는 사람은 정신적으로도 건강한 법이다. 특히 감정이 격할 때 스트레스를 덜어내는 방법으로 눈물만큼 효과적인 것이 없다. 따라서 부모는 아이가 눈물로 자신의 감정을 적당히 표출할 수 있도록 온화하게 대해줘야 한다.

"어른들 중에는 남자는 여자보다 강해야 된다고 생각하는 사람들이 많아. 그래서 흔히 '남자는 태어나서 세 번 운다.'라는 말도 생겼어. 그런

데 우는 것이 건강에 좋다는 연구 결과도 있더구나. 울고 나면 우울한 기분이 사라지고, 화가 났던 것도 풀리고, 마음이 편해져서 건강해진다는 거야. 또 눈물을 흘릴 때 몸 속에 있던 나쁜 찌꺼기들이 섞여서 밖으로 빠져 나온대. 그러면 당연히 그만큼 병도 덜 걸리겠지. 그래, 남자는 태어나서 세 번 운다는 말 따위는 신경 쓰지 말고 울고 싶으면 울어. 그래도 괜찮으니까. 하지만 너무 많이 울어도 기운이 빠져서 힘드니까 적당히 울어야 한다. 알았지?"

질문 43

> **왜 도일이 형이랑 같이 놀러 나가면 안 돼요?**

　장미 아파트에 사는 도일이는 올해 열한 살로, 동네에서 알아주는 문제아다. 문방구에서 물건을 훔치다 걸린 적도 한두 번이 아닌데다, 또래 친구들과 몰려 다니며 나이어린 후배들을 괴롭히기도 한다. 그래서 어른들은 자신의 아이가 도일이와 논다고 하면 어떻게 해서든 말리려고 한다. 그런데 그 말썽꾸러기 도일이가 옆집에 사는 현수라는 아이만큼은 무척 예뻐한다. 여섯 살짜리 현수도 도일이를 좋아하기는 마찬가지인데, 현수 엄마는 이 점이 썩 달갑지가 않다. 혹시 어울려다니다 현수가 도일이의 행동을 따라 배우기라도 할까 늘 걱정이다. 그래도 무조건 막을 수도 없는 노릇이라서 가끔씩은 둘이 놀도록 허락해준다. 그러던 어느 일요일, 도일이가 함께 놀이터에 가자며 현수를 찾아왔다. 하지만 아이가 도일이와 노는 것이 싫었던 현수 엄마는 오늘 외가에 가기로 했다며 도일이를 돌려보냈다. 도일이가 간 뒤 현수는 이상해하며 엄마에게 물었다.

"왜 도일이 형이랑 같이 놀러 나가면 안 돼요?"

아이가 친구에게서 나쁜 짓을 배울까봐 걱정하는 것은 모든 부모의 공통된 마음이다. 그래서 부모는 아이의 친구가 자신이 생각하기에 불량하다고 판단되면 같이 못 어울리게 한다. 하지만 이에 반감과 의구심이 생긴 아이들은 부모에게 이런 질문을 한다.
"왜 전 인숙이처럼 입고 다니면 안 돼요?"
"왜 엄마는 도일이 형이 나쁘다고 하세요?"

사실, 아이가 친구의 영향을 전혀 안 받기는 어려운 일이다. 아이들은 자제력이 부족하기 때문에 설사 법을 어기는 일이라도 상황판단없이 친구들의 행동을 따라하게 된다. 그래서 친구를 괴롭히고 가게의 물건을 훔치고 패싸움을 하고 술, 담배도 금세 배우는 것이다. 아이들은 오직 친구와 함께 누리는 즐거움만을 알 뿐, 학교의 규정이나 부모의 걱정, 앞으로 닥칠지 모르는 위험을 고려하지 못한다. 따라서 부모는 아이가 좋은 친구를 사귀도록 합리적으로 지도할 필요가 있다.

우선, 함께 대화를 나누며 아이가 친구를 사귀는 기준이 무엇인지 알아보자. 또한 부모가 어떤 기대를 하고 있는지, 해도 되는 행동과 하면 안 되는 행동의 범위를 알려줘야 한다. 만약 아이가 이에 어긋나는 행동을 하면 반드시 엄하게 벌을 주고, 이후 아이와 불량한 친구들의 활동을 주시해야 한다. 만약 이를 두고 아이가 간섭이 너무 심하다고 불평을 하면 바로 아이를 야단치지 말고, 부모가 왜 그렇게 하는지 인내심을 갖고 잘 설명해줘야 한다. 부모의 마음이 완강하다는 사실을 알면 아이도 더 이상 이에 불만을 품지 않을 것이다. 그리고 아이에게 좋은 친구를 사귀도록 교육할 때에는 너무 자극적인 말은 삼가고, 왜 그런 행동을 하면 안 되는지 이유를 잘 설명해줘야 한다. 예를 들어 "집집마다 규칙이 모두 다르듯이 우리 집에는 우리 집 규칙이 있어!"라고 말해줘야 한다. 이 밖에도 부모는 아이가 커갈수록 기대치를 조금씩 조정하여 아이에게 더 많은 자유를 주어야 한다. 하지만 아이를 풀어주더라도 바르게 행동하도록 끊임없이 지도하고, 잘못이 있으면 고쳐주는 일을 게을리 해서는 안 된다. 요컨대 아이가 좋은 친구를 사귀도록 지도해주기 위해서는 확실한 기준, 구체적인 지도, 밀접한 관계 유지가 필요한 것이다.

"그야 갠 나쁜 애니까 같이 놀면 안 되지."

아이의 눈에는 친구의 좋고 나쁜 점이 보이지 않는다. 따라서 부모가 이렇게 대답하면 아이와 그 친구는 마음의 상처를 입게 된다. 부모는 아이에게 그 친구의 나쁜 점을 말해주고 당연히 주의를 주어야 하지만, 악담으로 어린 마음을 아프게 해서는 안 된다.

"같이 놀면 안 된다고 엄마가 말했으면 그냥 그런 줄 알아. 또 한 번만 같이 놀려고 하면 그땐 맞을 줄 알아!"

겁을 주면 아이는 부모의 지침을 잘 따를 것이다. 하지만 이는 아이의 성격 발달에 부정적인 영향을 미칠 수 있다.

또한 다른 친구를 사귈 때에도 너무 신중하게 따지게 해서 우정을 쌓을 수 있는 좋은 기회를 많이 놓치게 만든다. 사람에게는 친구가 꼭 필요하다. 만약 아이가 친구도 없이 혼자 지내지 않길 바란다면 이런 식으로 으르지 말자.

"놀이동산에 가고 싶으면 엄마가 데려다 줄게. 엄만 네가 도일이 형이랑 같이 가면 너무 걱정이 될 거야."

아이가 나쁜 친구와 어울리지 않게 하기 위해서는 부모가 엄격하게 감시와 보호를 하는 것이 매우 중요하다. 하지만 아직 옳고 그른 것을 잘 구분하지 못하는 아이에게 그 경계선을 일일이 모두 나열하며 가르쳐줄 필요는 없다. 그런 것은 아이도 자라면서 스스로 분별할 수 있기 때문이다.

"도일이 형 말고 같은 반 친구 승국이랑 함께 가는 건 어때?"

같이 어울리는 친구는 나이 많은 아동보다는 또래가 좋다. 나이 많은 형과의 관계에서는 자기 나이 내에서 배워야 하는 적절한 시기 행동을 배우지 못한다. 또래와의 상호 작용에서 주고 받는 경험은 원할한 소통을 이루면서 많은 것을 배우게 한다.

"그건 도일이 형이 어른들이 걱정할만한 행동을 많이 하기 때문이야. 남의 물건을 훔치거나 자신보다 약한 사람을 괴롭히는 건 정말 큰 잘못이거든. 엄마는 네가 도일이 형이랑 같이 어울렸다가 나쁜 행동을 배울까봐 너무 걱정이 돼. 만약에 네가 도일이 형이랑 너무 놀고 싶다면 우리 집에서 같이 놀아. 그러면 엄마 아빠가 너희가 뭘 하면서 노는지 볼 수 있으니까 잘못을 하지 않도록 가르쳐 줄 수 있잖아.

질문
44

" 집으로 친구들 초대해서
같이 놀면 안 돼요? "

동원이는 친구 사귀기를 너무나 좋아해서 주변에 언제나 친구들이 넘쳐난다. 그러던 지난 일요일, 동원이는 친한 친구 지훈이의 집에 초대를 받았다. 그곳에서 동원이는 지훈이의 로봇을 갖고 친구들과 신나게 놀았는데, 자기도 친구들을 집으로 초대하면 자전거를 타면서 다 같이 재미있게 놀 수 있으리라는 생각이 들었다. 그래서 이튿날, 유치원을 마치고 집으로 돌아와서 엄마에게 말했다.

"엄마, 집으로 친구들 초대해서 같이 놀면 안 돼요? 친구들한테 자전거 태워주고 싶단 말이에요."

친구란 어린 시절의 가장 아름다운 추억거리다. 만약 아이들에게 친구가 없다면 이보다 더 슬픈 일이 있을까. 그래서 아이들은 일단 좋은 친구가 생기면 어른보다도 더 강하게 자신의 우정을 지키려고 한다. 또 친구들과 함께 놀고, 함께 시간을 보내는 것을 너무 좋아하기 때문에 헤어질 시간이 되면 매우 초초해하며 부모에게 이런 질문들을 하곤 한다.

"현지는 왜 우리 가족이 아니에요?"

"쟤네들은 왜 저랑 같이 안 놀아줘요?"

"민희는 왜 생일파티에 절 초대하지 않았을까요?"

아이는 또래들과 어울리는 기회가 잦아야 좋은 친구를 많이 사귈 수 있다. 왜냐하면 스스로 친구가 될 만한 상대를 자연스럽게 찾지 못하기 때문이다. 따라서 부모는 아이에게 친구를 사귈 수 있는 계기를 마련해 주어야 한다.

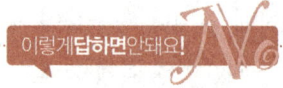

"안 돼. 그 많은 애들을 다 초대하면 분명히 집이 엉망진창이 되고 말 거야."

얼마나 이기적인 모습이란 말인가. 대청소 한번 하면 될 것을 그 일이 귀찮아서 아이가 친구들과 함께 놀며 깊은 우정을 쌓을 수 있는 기회를 날려버리다니! 아이의 합리적인 요구를 부모가 무조건 거절하면 아이는 소속감과 자신감을 잃게 된다. 앞으로 아이가 이런 부탁을 하면 부모는 거절하기 전에 어릴 적에 친구들을 집으로 초대해 함께 즐겁게 놀았던 추억을 떠올려보길 바란다.

"얘가 하루 종일 바보처럼 왜 이래?"

아이가 당연한 요구를 하는 것이 바보 같은 짓인가? 아이에게 이런 억울한 누명을 씌워서는 안 된다. 다른 사람과 우정을 쌓는 일은 한 사람의 인생에서 매우 중요한 의미를 갖는다. 따라서 부모는 아이가 친구를 사귈 수 있는 기회를 많이 만들어주고, 또 곁에서 그들이 진정한 우정을 쌓도록 많은 지도와 도움을 주어야 한다.

"그럼, 되지. 어떻게 해야 더 멋지게 친구를 초대할 수 있을지 한번 얘기해 보자."

교육개발원이 발행한 〈초등 영재학생의 지적·정의적 행동특성 및 지도방안 연구〉의 '영재교육 십계명' 중에는 "아이가 친구를 잘 사귈 수 있도록 사회성을 길러준다"는 항목이 있다. 인간은 사회적인 동물이기 때문에 혼자 살아갈 수 없다. 때문에 제 아무리 뛰어난 아이라도 또래 친구들과 어울리지 못하면 정서적으로 불안을 느낀다. 어떤 영재는 또래 친구들과 어울리기 위해 자신의 지적 능력을 스스로 포기하고 평범해지는 경우도 있는데, 이것은 미리미리 사회성을 키워주지 못해 일어난 일이다. 엄마가 어릴적 부터 친구들과 자연스럽게 어울릴 수 있는 자리를 마련해주었다면 굳이 자신의 능력을 포기할 필요까지는 없었을 것이다. 아이를 정말 똑똑하게 키우고 싶다면 지적 능력을 키우는 데만 매달릴 것이 아니라 또래 친구들과 자연스럽게 어울릴 수 있는 분위기를 만들어주어야 한다.

아이의 천재성을 깨우는 현명한 엄마의 대답 *Good*

"친구들을 집으로 초대하다니 정말 좋은 생각이야. 엄마 아빠도 네가 어떤 친구를 데려올지 너무 궁금하구나. 하지만 초대하기 전에 엄마 아빠한테 준비할 수 있는 시간을 좀 주지 않겠니? 너도 따로 준비할 게 있으면 미리 해두도록 해. 방 청소도 깨끗이 해야 해. 그리고 친구들이 집에 오면 누구 한명 구석에 빼놓는 일 없이 서로 사이좋게 잘 놀아야 된다. 네 장난감도 친구들이랑 같이 사이좋게 나눠서 놀고. 안 그러면 친구들을 집에 초대한 의미가 없어지니까."

질문 45

> **" 애들이 자꾸 괴롭히는데 어떡해요? "**

어느 날, 한슬이가 아파트 베란다에서 바깥을 내려다보고 있었다. 놀이터에서는 많은 아이들이 놀고 있었는데 그 광경을 보고 있자니 자기도 같이 놀고 싶어졌다. 그래서 엄마는 한슬이를 놀이터에 데려다 주고 집으로 돌아왔다. 그런데 잠시 후, 벨소리가 나서 문을 열어봤더니 한슬이가 가만히 서 있는 것이 아닌가. 한슬이는 집에 들어올 생각도 안 하고 제자리에 서서 엄마에게 말했다.

"엄마, 애들이 자꾸 괴롭히는데 어떡해요?"

아이들이 다 같이 어울려서 놀다보면 자기들끼리 서로 장난을 치며 놀리기도 하고, 심지어는 말싸움과 몸싸움을 벌이기도 한다. 하지만 이런 일은 아이들 사이에서 흔히 일어나기 때문에 부모는 행여 아이가 맞고 다니는 것은 아닐까, 또 놀림을 당하지나 않을까 지나치게 걱정할 필요는 없다. 보통 아이들은 친구와의 사이에서 문제가 발생했을 때 이렇게 말하며 도움을 청한다.

"엄마, 저 대신 완주 좀 때려주시면 안 돼요?"
"왜 지명이를 때리면 안 돼요?"

아이가 이같이 도움을 청하면 부모는 이성적이고 지혜로운 방법으로 도와줘야 한다. 우선은 아이가 친구와 화해할 수 있도록 둘 사이의 문제를 바로 인식시켜 주자. 그러기 위해서는 먼저 다른 사람들과 합리적으로 지내는 방법을 가르쳐주는 과정이 필요하다. 만약 아이가 친구와 갈등이 있을 때 해결하는 방법을 배운다면, 또래가 아닌 다른 사람들과 어울리면서도 각종 모순적인 상황을 잘 헤쳐 나갈 수 있을 것이다.

한편 아이들끼리 잘 놀다가 싸운 것이라면 부모가 굳이 나설 필요는 없다. 별로 심각하지도 않은 문제에 간섭해서 괜히 자기 아이 편을 들어주다가는 애들 싸움이 어른 싸움으로 번지기 십상이기 때문이다. 또한 아이가 자신의 문제를 스스로 해결하도록 지도한다면 협동심과 사교성을 키워주는 데도 큰 도움이 될 것이다.

"바보같이 남이 괴롭히는데 가만히 있었어?"

'눈에는 눈, 이에는 이'로 대응하라는 소리다. 하지만 이런 방식으로 가르치면 아이가 아무렇지도 않게 폭력을 행사할 수 있다. 즉, 다음번에 다시 이와 비슷한 상황이 발생했을 때 아이는 당연히 부모의 가르침대로 폭력에는 폭력으로 응수할 것이란 말이다. 그런데 아이의 성격이 폭력적으로 변하면 부모는 또 어떤 쓴 결과를 맞게 될지 한번 생각해봤는가?

"가자! 걔네들이랑 안 놀면 그만이지."

아이를 평생 보호해줄 수 있는 자신이 있는가? 이런 대답은 아이가 다른 사람들과 사이좋게 지내는 데 필요한 적극성을 떨어뜨리고, 심하게는 아이를 외톨이로 만들어 버릴 수 있다. 따라서 책임감이 있는 부모라면 이렇게 대답해서는 안 된다. 아이를 새장 속의 새처럼 키우지 말자. 부모는 아이가 자라면서 좌절을 겪고 다양한 경험을 할 때 격려해주며, 친구들과 충돌할 때 적절한 해결 방법을 가르쳐주기만 하면 되는 것이다.

"네가 어떤 행동을 했을 때 친구들이 괴롭혔니? 친구들과 함께 있을 때 무슨 일이 있었는지 엄마한테 얘기해 줄 수 있겠니?."

아이가 친구들과 잘 어울리지 못하고 자꾸 괴롭힘을 당한다고 호소해오면, 우선 상황을 자세히 알아보는 것이 좋다. 아이의 어떤 행동이 잘못 되었다면 함께 이야기하면서 문제점을 찾아 고칠 수 있기 때문이다. 또한 아이가 친구관계에 대한 이야기를 풀어 놓았다면, 그때 아이의 심정은 어땠는지 충분히 들어주고 공감해주자. 자기의 마음을 이해하고 받아주는 엄마가 있다는 것만으로 아이는 든든함을 느낄 것이다.

아이들끼리 충돌하는 이유는 어떤 모순된 상황을 해결하고, 서로 조화를 이루기 위한 수단이다. 따라서 부모는 아이에게 문제를 해결하는 방법을 가르쳐주며 끊임없이 사교성을 키워주어야 한다.

친구관계에서 친구들에 대한 감정을 확인하고 헤아려주며, 그 친구들에게 어떻게 대하고 싶은지 나름대로의 해결 방법을 물어보고 이를 격려해 주도록 하자.

아이의 입장에서 공감해주는 부모의 태도가 필요하다. 아이의 마음을 충분히 알아주고 인정해준다면, 아이는 자신에 대한 믿음을 만들 수 있고 친구들과의 관계에서도 더 당당해 질 수 있다.

"누구나 살다 보면 다른 사람과 문제가 생길 수 있어. 그러니까 아이들이 괴롭힌다고 너무 속상해할 필요 없어. 그런데 네가 친구들과 잘 지내는 법을 배운다면 아마 이런 일은 줄어들게 될 거야. 그 방법이 뭔가 하면, 친구를 만났을 땐 반갑게 악수를 하고, 친구가 어려운 일을 당하면 네가 먼저 다가가서 도와주고, 항상 친구를 진심으로 대하는 거야. 그리고 약속도 잘 지켜야 해. 그래야 친구들이 널 믿을 수 있거든. 또 어떤 모임이나 친구를 위해서 봉사를 많이 하는 것도 좋은 방법이야."

그런데 친구에게 괴롭힘을 당했을 땐 어떻게 해야 할지 아주 곰곰이 잘 생각해 봐야 돼. 친구가 때렸다고 너도 똑같이 때려서도 안 되고, 그렇다고 가만히 참고만 있어도 안 돼. 분명하고 확실한 태도로 "하지마" "그렇게 하면 기분 나빠"하고 네 감정을 솔직히 표현하는 게 좋아. 네 스스로 노력을 했는데도 힘들면 그때 엄마와 또 상의해 줄래?"

질문 46

> 친구가 빌려간 돈을
> 안 갚으면 어떡해요?

　수요일 오후, 하림이와 채영이는 나란히 하교 길에 올랐다. 집에 거의 다 왔을 무렵, 채영이가 아이스크림을 사먹기 위해 슈퍼에 들렀고, 수중에 돈은 없지만 먹고 싶은 마음이 간절했던 하림이는 내일 꼭 갚겠다고 말하며 채영이에게 오백 원을 빌려서 같이 사먹었다. 하지만 토요일이 다 돼가도록 하림이는 돈을 갚지 않았다. 결국 채영이는 혼자서 쩔쩔매다가 엄마에게 말했다.
　"엄마, 하림이가 저번에 돈 빌려가 놓고 안 갚는데 어떡해요?"

　동심의 세계에도 무수히 많은 모순이 존재한다. 특히 돈을 빌리고 갚고, 거짓말을 도와주는 것과 같이 민감한 문제는 아이들을 무척이나 고민하게 만든다. 그래서 그런 일이 생기면 아이들은 부모에게 도움을 청한다.
　"대환이가 과자 사먹는다고 돈을 빌려 달라는데 어떻게 해야 돼요?"

"혜지가 영화 보러 가려고 저한테 선생님께 자기 배 아프다고 대신 말해달래요. 정말 그렇게 말해도 돼요?"

아이들의 조그마한 세계는 미래의 사회생활의 원형이다. 따라서 아이가 또래 사회에서 발생한 모순을 해결하는 방법을 배운다면 나중에 어른이 돼서 겪게 될 더 많은 문제를 해결하는 데 도움이 될 것이다. 아이가 어떤 문제로 고민할 때 부모는 상황을 분석하고, 알맞은 대책을 세우도록 격려해줘야 한다. 아이가 문제를 푸는 데 부모가 많은 도움을 주고 상황을 분석하면 매듭은 풀리기 마련이다. 이 밖에 아이가 또래들과의 사이에서 생긴 민감한 문제를 더욱더 현명하게 해결하도록 하기 위해서는 가정에서도 도덕 교육에 힘써야 한다. 이는 아이가 친구들과 건전하게 교제하고, 좋은 인간관계를 맺는 데 중요한 의미를 갖는다.

"그깟 오백 원을 뭘 받니? 앞으로는 다른 사람한테 아무 것도 빌려주지 마."

정말 호탕한 성격의 부모이다. 하지만 이렇게 대답해주면 다음의 두 가지 결과를 초래할 수 있다. 우선은 아이가 이기적으로 변한다. 다른 사람을 일체 도와주지 말라고 지도했기 때문이다. 또한 돈을 빌려줬다가 다시 돌려받지 못했을 때 "됐어. 그걸 뭘 갚아"라고 말하며 어물쩍

넘어갈 수 있다. 하지만 과연 돈의 액수에 상관없이 항상 이렇게 호탕해질 수 있을까? 부모는 아이가 현실을 직시하여 문제를 책임감 있고 적극적으로 해결하도록 지도하는 것이 바람직하다.

"앞장 서. 안 되면 걔네 집에 가서라도 받아 와야지!"

이것은 어디까지나 아이들끼리의 문제이지 부모들의 문제가 아니다. 이럴 때마다 부모가 나서서 해결해주면 아이는 이후에도 부모에게 문제를 해결해달라고 할 것이다.

"하림이가 깜빡 잊었나 보지. 하림이가 돈을 갚도록 네가 살짝 귀띔을 해주거나 아니면 같이 대화해봐."

부모는 아이에게 친구와의 우정이 깨지지 않는 범위 내에서 합리적인 방법으로 문제를 해결하도록 도와주어야 한다. 이를 위해서 물건을 빌려줄 때의 원칙과 그에 따라 예상되는 상황을 말해주면 된다. 어쩌면 그 친구는 돈을 빌렸던 사실을 깜빡 잊고 있을지도 모른다. 따라서 완곡하게 "저번에 아이스크림 먹을 때 나한테 돈 빌렸었지?"라고 넌지시 말해주는 게 좋다. 하지만 습관적으로 물건을 빌리고 돌려주지 않는 친구라면, 이전에 빌려간 물건을 되돌려주지 않으면 앞으로 다시는 물건을 빌려주지 않겠다고 말하고, 행여 빌려주게 되더라도 반드시 반납 날짜를 지키라고 약속하도록 지도해야 한다.

"물건을 빌렸으면 반드시 돌려줘야 해. 이건 친구와의 사이에서 꼭 지켜야 할 약속이야. 그러니까 하림이도 네게 돈을 갚아야 하겠지? 그런데 하림이가 아직까지 돈을 안 갚았다니 무슨 이유가 있나 보구나. 혹시 하림이가 잊어버린 건 아닐까? 이번에 만나면 하림이한테 "수요일에 나랑 같이 아이스크림 사먹지 않았니?" 하고 귀띔해줘 봐. 그러면 하림이도 네가 무슨 말을 하는지 잘 알 거야. 만일 하림이가 자주 물건을 빌리고서 안 돌려주는 아이라면 지난번에 빌려간 물건을 안 돌려주면 다시는 뭐 안 빌려주겠다고 강하게 말해두도록 해."

엄마도 공부해야 하는 질문에 현명하게 대답하는 방법 3

3장 | 엄마도 공부해야 하는 질문에 현명하게 대답하는 방법

> **엄마들의 말**

○ 과학 과목은 학교 다닐 때부터 골칫덩이었던 걸요

○ 그런 질문은 선생님한테 해야 하는 것 아니에요?

○ 학교 다닌 지가 언젠데, 다 까먹었죠

○ 아는 대로만 답해주면 되죠 뭐. 틀려도 모를 거예요

엄마가 하나를 가르쳐주면 아이는 열 가지 지식의 영역으로 확대해 간다.

엄마의 확실한 답으로 아이의 생각하는 지혜에 물꼬를 터주자!

똑똑한 엄마가 되고 싶다면 이 정도는 숙지하라!

→ 공부 잘하는 아이로 키우는 명쾌한 대답이 여기에 있다!

질문 47

> ## 왜 이를 쑤시면 안 돼요?

　호정이는 툭하면 이를 쑤시는 습관이 있다. 이에 음식물이 껴 있는 기분이 너무나 싫기 때문이다. 그동안 엄마는 이런 호정이의 나쁜 습관을 고쳐보려고 무던히도 애를 썼지만 결과는 번번이 실패로 끝나고 말았다. 그러던 어느 일요일, 엄마는 한상 가득히 맛있는 요리를 차렸고, 호정이는 배부르게 실컷 먹은 뒤 여느 때처럼 이쑤시개 하나를 빼어 손에 쥐었다. 그러자 엄마가 재빨리 이쑤시개를 빼앗으며 말했다.
　"이 쑤시지 말랬지! 엄마가 몇 번을 말했는데 왜 아직도 못 고치니?"
　이에 호정이는 억울해하며 말했다.
　"왜 이 쑤시면 안 되는데요?"

　아이들의 습관 중에는 커갈수록 정도가 점점 더 심해지는 것들이 있다. 손가락을 빨고, 코를 파고, 몸에 난 털을 뽑고, 아무 물건이나 무는 것이 그 예인데 이런 나쁜 습관은 건강에도 매우 해롭다. 그런데 아이가 이런 행동을 보일 때 부모가 강력히 제지하고 나서면 아이들은 부모가 왜 그렇게 하는지 이유를 잘 모르기 때문에 오히려 억울해하며 이런 질문들을 한다.

"왜 코 파면 안 돼요?"

"왜 털을 뽑으면 안 돼요?"

"왜 물건을 입으로 물면 안 돼요?"

아이들이 이런 의문을 품는 가장 큰 이유는 무엇일까? 바로 부모가 엄격히 단속하는 데만 급급했지 왜 그런 행동을 하면 안 되는지 진짜 이유를 말해주지 않았기 때문이다. 따라서 부모는 그 이유를 말해주고, 아이가 나쁜 습관을 고칠 수 있도록 도와주고 격려해줘야 한다.

"네가 한번 봐봐. 어린 애들 중에 누가 너처럼 이를 쑤시니?"

그렇다면 어른은 이를 쑤셔도 된다는 소리인가? 이렇게 대답해주면 아이가 요행을 바라게 되고, 또 이를 쑤시는 것이 얼마나 안 좋은 행동인지 잘 모르기 때문에 버릇을 고치기가 힘들다. 그래서 얼마간은 어느 정도 자제를 하다가 기회를 봐서 어른의 감시를 피해 다시 이를 쑤실 것이다.

"정말 더러워서 내가 못살아!"

이런 식의 짜증 섞인 반응은 아이의 궁금증을 해결하는 데 아무 도움이 안된다. 뿐만 아니라 부모에게 좋지 않은 감정을 갖게 만들 수 있다. 부모가 더럽다고 느끼는 이유가 자신을 싫어하기 때문이라고 생각할 수 있기 때문이다. 어쩌면 반항심까지 생겨서 관계가 나빠질 수도 있으니 이런 반응은 절대 삼가해야 한다.

"깨끗하지가 않잖아. 잘못하면 잇몸도 다치고, 다른 사람들도 싫어할 거야. 이 사이에 음식물이 낀 기분이 정 그렇게 싫으면 물로 입안을 가시거나 양치질을 해. 그러면 음식물이 빠져 나올 테니까."

이를 쑤시는 아이의 나쁜 습관을 고치려면 먼저 그것이 얼마나 안 좋은 행동인지 말해준 다음, 이 사이에 낀 음식물을 뺄 수 있는 방법을 알려줘야 한다. 그러면 아이는 부모의 도움을 받으며 그 버릇을 서서히 고쳐갈 것이다.

"이쑤시개로 이를 쑤시는 건 결코 좋은 습관이 아니야. 이를 자주 쑤시면 예쁘고 가지런히 난 이 사이에 보기 싫은 구멍이 생겨서 다음에는 음식물이 더 많이 끼거든.

그리고 그렇게 뾰족한 이쑤시개로 이를 이리저리 쑤시는 건 정말로 위험해. 잘못했다가는 잇몸을 찔러서 병에 걸릴 수도 있으니까.

그러면 이 사이에 낀 음식물은 어떻게 빼야 할까? 가장 좋은 방법은 물로 입을 가시거나 양치질을 하는 거야. 그러면 이를 보호하면서도 이 사이에 낀 음식물을 빼낼 수 있어."

질문
48

> 하품으로도 병이 옮아요?

어느 날, 진영이는 집에서 텔레비전을 보고 있었다. 한 프로그램에서 감기 예방법을 소개해주고 있었는데, 감기 걸린 사람은 다른 사람과 얼굴을 맞대고 대화를 나누거나 기침을 해서는 안 된다고 충고했다. 진영이는 신기한 듯 연신 고개를 끄덕이며 시청했다. 잠시 후 자기도 모르게 하품을 하던 진영이는 갑자기 서재로 달려가 아빠에게 물었다.

"아빠, 하품으로도 병이 옮아요?"

사람은 누구나 살면서 질병의 위협을 받는다. 질병의 위험을 줄이려면 감염원을 통제하고, 전염 경로를 차단하며, 쉽게 감염되는 사람들을 보호해야 한다. 이 세 가지 조건 중에서 어느 하나라도 차단되면 전염병이 유행하는 것을 막을 수 있다. 질병을 두려워하는 것은 어느 누구나 마찬가지지만 아이들의 경우 더 심하다. 그래서 질병이 전염된다는 사실을 조금이라도 알고 나면 어른보다 더 많이 주변 환경에 신경을 쓰고,

경계심을 갖기 때문에 이런 질문들을 하기도 한다.
"모기한테 안 물리려면 어떻게 해야 돼요?"
"기침으로도 병이 옮아요?"
"침으로도 병이 옮아요?"

아이가 이런 질문을 할 때 부모는 반드시 과학적이고 정확한 답변을 들려줘야 한다. 그래야 아이가 전염병에 관한 지식을 제대로 얻고 지나치게 두려워하지 않으며 전염병을 예방하는 생활태도를 가질 수 있다.

"아니. 그건 너무 걱정할 필요가 없단다."

아이를 안심시키기 위해서 이렇게 말하고 싶겠지만 정확한 답변이 아니다. 잘못된 지식을 알려주는 것은 대답을 안해주는 것만 못하다는 사실을 명심하자.

"그럼. 그래서 하품할 땐 상대방 얼굴에 대고 하면 안 되고, 몸을 돌려서 입을 가리고 해야 돼. 하품하고 나면 손을 깨끗이 씻고. 하지만 그렇다고 너무 겁먹을 필요는 없어. 앞으로 조심하면 되니까."

하품으로도 병이 전염되므로 하품을 할 때에는 반드시 전염병 예방에 신경 써야 한다고 분명하게 말해줘야 한다. 그런 다음 구체적인 예방법을 알려주어 아이가 지나치게 겁을 먹지 않도록 안심시켜야 한다.

아이의 **천재성**을 깨우는
현명한 엄마의 **대답** *Good*

"하품은 뇌에 산소가 필요하다는 신호야. 우리가 안 하려고 해도 안 할 수 없는 숨쉬기운동이지. 혈관에 이산화탄소와 다른 쓸데없는 기체들이 많아지면 호흡이 점점 길고 깊어져서 뇌의 호흡중추에 영향을 줘. 그러면 하품을 하게 되는 거지. 하품을 하면 이산화탄소와 다른 기체들, 그리고 우리 몸의 오장육부가 활동하면서 만들어낸 부산물들이 몸 밖으로 빠져나오는데 이때 바이러스와 세균도 같이 빠져 나와. 그래서 하품으로도 병이 전염되는 거란다. 그러니까 하품할 때 사람 얼굴을 맞대고 하면 안 되겠지?"

질문 49

"
왜 전 담배 피고 술 마시면 안 돼요?
"

　병규의 아빠는 술과 담배를 매우 좋아한다. 술고래라는 별명이 붙었을 정도로 술을 잘 마시는데, 병규는 그런 아빠의 모습이 너무나 부러워서 나중에 어른이 되면 꼭 아빠처럼 술과 담배를 많이 하겠다고 다짐했다. 그러던 어느 날, 아빠가 술자리 참석차 밖에 나간 사이, 병규는 아빠 몰래 옷 주머니를 뒤져서 담배를 꺼내었다. 그런데 담뱃불을 붙이는 순간, 그만 방문을 열고 들어온 엄마에게 들키고 말았다. 아들의 행동에 너무 기가 막힌 엄마는 버럭 소리를 지르며 병규를 혼냈다.

　"누가 너보고 담배 피우래! 다 이리 내놔! 어디서 배우라는 좋은 건 안 배우고 저런 것만 배우는지!"

　병규는 엄마의 호통에 조용히 담배를 내놓았다. 하지만 병규는 이런 상황이 전혀 이해가 되지 않아 말했다.

　"왜 전 담배 피고 술 마시면 안 돼요?"

대부분의 부모는 자신의 아이가 술과 담배 근처에는 얼씬도 하지 않길 바란다. 하지만 일상생활에서 아이들은 부모의 엄격한 교육 탓에 기회를 잡지 못할 뿐이지 술과 담배에 호기심이 많고, 한번 맛보고 싶어 한다. 그래서 이런 이렇게 질문하기도 한다.

"전 언제쯤 담배 피고 술 마셔도 돼요?"

"담배 피면 건강에 해롭다면서 아빠는 왜 계속 피우세요?"

아이를 술과 담배의 유혹에 빠지지 않게 하려면 부모가 먼저 모범을 보여야 한다. 아울러 술과 담배를 하는 것은 건강을 해치는 행동임을 분명하게 말해줘야 한다.

"또 담배 피는 날에는 엄마한테 맞을 줄 알아. 앞으로 조심해."

아이가 이런 질문을 하는 것은 술·담배가 나쁘다는 것을 모르게 때문이다. 그런데 나쁘다는 것은 알려주지도 않고 야단부터 친다면 부모에 대해 반항심만 갖게 될 수 있다.

"넌 아직 어리니까 담배 피고 술 먹는 건 건강에 안 좋아."

술과 담배를 하는 것은 어느 연령대를 막론하고 좋지 않다. 이렇게 대답하면 아이는 술과 담배를 하는 것이 얼마나 나쁜 습관인지 충분히 인식하지 못하여 몰래 배울 수도 있다.

"술과 담배를 해서 좋을 건 하나도 없어. 건강에 무척 해롭거든. 그래서 아이든 어른이든 술, 담배를 가까이 해서는 안 돼. 아빠가 술과 담배를 하는 건 잘못이지. 그래서 엄마는 아빠 건강을 몹시 걱정한단다. 우리 같이 아빠가 술, 담배를 끊을 수 있는 방법을 생각해볼까?

부모는 술과 담배를 하는 것은 좋은 일이 아니고, 건강에도 해롭기 때문에 절대로 가까이 해서는 안 된다고 분명하게 말해줘야 한다. 아빠가 평소 술과 담배를 자주 찾는다면 이미 건강에 문제가 생겼을지도 모른다. 따라서 가족이 더욱 관심을 기울여 아빠가 술, 담배를 끊을 수 있도록 함께 방법을 생각해봐야 한다.

"술을 마시고, 담배를 피우는 건 아주 나쁜 버릇이야. 담배와 담배연기 속에는 이백 여 가지 물질이 들어있는데 그 중에 백오십 가지, 그러니까 니코틴, 일산화탄소, 이산화탄소, 아질산 같은 물질은 우리 몸에 아주

해롭단다. 그래서 담배를 피우면 담배연기가 호흡기와 기관지를 상하게 해서 산소와 이산화탄소가 교환되는 것을 방해하게 돼. 호흡기능에 이상이 생기는 거지. 또 기도가 감염되고, 숨을 마실 때 산소의 양도 줄어들게 된단다. 또 오랫동안 담배를 피우면 심장에 무리가 가서 건강에 좋지 않단다. 술은 어떤지 아니? 명절 때 기분 좋은 마음으로 술을 조금 마시는 건 괜찮지만 취하도록 마시면 좋지 않아. 알코올이 뇌세포를 파괴해서 기억력과 이해력을 떨어트리거든. 그렇게 되면 학교에서 좋은 성적도 받을 수 없겠지. 그리고 술은 간을 해치고, 생식기가 발달하는 것을 방해하고, 결국 건강도 해친단다."

질문
50

엄마, 채소 안 먹으면 안 돼요?

두리는 편식이 아주 심한 아이다. 그래서 매번 식사시간이 되면 엄마와 한바탕 전쟁을 벌이느라 바쁘고, 가끔가다 화가 너무 많이 난 엄마에게 한 대 쥐어 박히기도 한다. 그러던 어느 금요일, 두리가 평소처럼 유치원을 마치고 엄마와 함께 집에 돌아왔을 때였다. 그날따라 식탁 가득 채소 요리만 차려져 있었다. 식사 시간 내내 두리는 채소 요리를 보고 울음을 터뜨렸지만 엄마 아빠는 그런 두리를 조금도 신경 쓰지 않았다. 결국 엄마 아빠가 식사를 거의 다 마칠 때쯤 두리는 말했다.

"엄마, 채소 안 먹으면 안 돼요?"

우리 주변에는 편식을 하는 아이들이 많다. 채소를 안 먹는 아이가 있는가 하면 고기를 안 먹는 아이도 있고, 또 잡곡밥을 안 먹는 아이도 있다. 편식을 하면 영양소가 충분히 공급되지 않아 성장발육에 좋지 않다. 그래서 이런 사실을 잘 아는 부모들은 아이가 안 먹는 음식이 있으면 강제로라도 먹이려고 한다. 하지만 아이들은 그런 음식들이 너무나 싫기 때문에 강하게 반발하며 이런 질문들을 한다.

"왜 우유를 마셔야 돼요?"
"밥 안 먹으면 안 돼요?"
"고기를 안 먹을 순 없나요?"

편식은 안 좋은 식습관이다. 특히 성장발육이 한창 왕성하게 이루어지는 유년기에 편식을 할 경우에는 심각한 결과를 낳을 수도 있다. 일단 아이가 편식을 하면 부모는 이를 중요한 문제로 받아들이고, 습관을 고쳐주어야 한다. 예컨대, 음식의 모양이나 조리법을 바꾸어 아이가 맛있게 먹을 수 있게 해야 한다.

"이것 안 먹으면 앞으로 엄마가 아무것도 안 해줄 거야. 오늘부터 굶을래 아니면 그냥 먹을래?"

이렇게 대답하면 아이는 화가 나서라도 고집을 부리며 밥을 더 안 먹겠다고 할 것이다. 가뜩이나 음식을 싫어하는 아이에게 이런 식으로 협박하는 것은 바람직하지 않다.

"먹기 싫으니? 그러면 네가 좋아하는 피자 시켜줄까?"

이런 식으로 요구를 들어주면 아이는 더욱 더 편식을 하게 된다. 아이가 영양소를 골고루 섭취해서 건강하게 자라길 바란다면 이렇게 아이에게 끌려 다녀서는 안 된다.

"채소를 먹어야 우리 몸이 튼튼해지고, 더 예뻐질 수 있어. 너 옆집 언니처럼 예뻐지고 싶다고 했지? 옆집 언니는 음식을 가리지 않고 다 잘 먹어서 그렇게 예뻐진 거란다. 그러니까 조금만 더 먹자."

역할모델을 이용해서 아이의 편식 습관을 고치는 것은 매우 효과적인 방법이다. 이와 함께 아이의 편식 습관을 고칠 수 있는 더 좋은 방법을 찾아보기 위해 계속 노력해야 한다. 필요하다면 관련 자료를 참고하거나 의사와 상담해도 좋다. 적극적으로 더 좋은 방법을 찾아보자!

"건강하려면 채소를 많이 먹어야 돼. 채소는 비타민과 무기질과 섬유질이 많이 들어있어서 우리 몸에 아주 좋단다. 우선 비타민은 우리 몸이 활동하는 데 꼭 필요해. 몸 속에 있는 찌꺼기가 밖으로 빠져나가도록 장 운동을 활발하게 해줘서 변비에 안 걸리게 해주지. 그리고 섬유질은 콜

레스테롤이 생기는 걸 막아주어 우리 혈관을 깨끗하게 만들어주지. 무기질은 사람이 정상적인 활동을 하도록 도와주고. 이렇게 채소는 우리 몸에 중요한 작용을 하니까 건강을 위해서 많이 먹어야 돼."

달리기하기 싫은데 안 하면 안 돼요?

희원이는 어린 나이에 이미 배에 '핸들'이 생겨버린 뚱뚱보다. 얼마 전에는 병원에서 비만 때문에 건강에 이상이 생길 수도 있다는 진단까지 받았다. 그래서 엄마 아빠는 희원이의 살을 빼줘야겠다는 결심을 하게 되었다. 엄마는 희원이의 식단을, 아빠는 운동을 맡기로 결정했다. 다이어트가 시작되고 처음 며칠간, 희원이는 아침마다 아빠와 함께 달리기를 했다. 하지만 며칠이 지나자 희원이는 귀찮아지기 시작했다. 그러던 어느 일요일, 아침 여덟 시가 되도록 희원이가 일어나지 않자 아빠는 강제로 이불을 걷어내며 희원이를 일으켜 세웠다. 그러자 희원이는 화를 내며 아빠에게 말했다.

"달리기하기 싫어요! 안 하면 안 돼요?"

아이들은 대부분 뛰어놀기를 좋아하지만 모든 아이들이 운동을 좋아하는 것은 아니다. 그래서 부모가 건강을 위해 운동을 시키면 못마땅하게 여기기도 한다.

"왜 저보고 달리기하라고 하세요?"
"운동하면 정말 건강해져요?"
"농구하러 안 가면 안 돼요?"

만약 아이가 운동을 싫어하면 부모는 그 이유를 찾아서 운동에 흥미를 갖도록 이끌어야 한다. 더불어 왜 운동을 해야 하는지 운동을 안하면 어떤 일이 생기는지 대화를 나누어 보도록 한다.

"안 돼. 빨리 일어나서 달리기하러 가야지."

이렇게 대답하면 아이는 부모와 달리기를 하는 것에 싫증이 날 것이다. 만약 아이가 계속해서 운동하기를 바란다면 이런 식으로 강요하지 말자.

"너 좋으라고 달리기하는 거잖아. 그렇지 않으면 아빠가 왜 아침 일찍부터 일어나서 널 데리고 나가겠니? 정말 해도 너무한다."

이렇게 대답하면 아이는 자신을 부모만 고생시키는 짐이라고 생각할 것이다. 또한 달리기를 하더라도 부모를 위해서 달린다는 식으로 생각할 수도 있다. 나아가 부모만 아니라면 자신이 이렇게까지 고생할 필요가 없다고 생각할 것이다. 아이가 이렇게 생각하는데 운동으로 좋은 효과를 볼 수 있겠는가?

"너 운동장 가는 길에 있던 앵무새 다시 보고 싶지 않아? 늦게 가면 못 볼지도 몰라. 빨리 일어나서 준비해. 거실에서 기다릴 테니까."

아이를 움직이게 하려면 부담을 주지 않는 것이 중요하다. 아이가 운동을 벌 서는 것 정도로 생각한다면 어디 일어날 마음이 생기겠는가. 아직 운동하는 습관이 생기지 않은 아이에게는 억지로 끌고 나가는 것보다 아이가 좋아하는 것으로 흥미를 유발하는 편이 더 도움이 된다.

"매일 아침 달리기를 하는 건 아주 좋은 습관이야. 너 아침 공기가 얼마나 산뜻한지 아니? 그런 공기를 마시면서 운동하는 게 우리 몸에 얼마나 좋다고. 감기도 잘 안 걸리고, 병균과 싸워서 이기는 힘도 강해지지. 그 뿐이니? 몸이 부드러워지고, 살도 뺄 수 있고, 뇌 건강에도 아주 좋아. 또 달리기를 하면 정신력도 강해져. 무슨 말이냐고? 달리기를 하다

보면 숨이 차고 힘들어서 그만 달리고 싶어지잖아. 그럴 때 꾹 참고 하루, 이틀, 사흘, 나흘을 달리다 보면 점점 힘이 덜 들게 된단다. 똑같이 운동장을 한 바퀴 돌아도 처음보다 훨씬 쉽게 돌 수 있어. 포기하고 싶었던 순간을 잘 이겨낸 덕분에 정신력도 체력도 강해지는 거지. 엄마는 네가 어려움을 잘 견뎌내는 강하고 멋진 사람이 됐으면 좋겠어."

질문 52

> **제 피부는 왜 이렇게 까매요?
> 설아는 뽀얗기만 한데**

    수정이의 친구인 설아는 피부가 뽀얗고 얼굴도 예쁘게 생겨서 인기가 많다. 지난 일요일, 수정이와 설아는 함께 약국에 갔는데 약사 아줌마가 설아 보고 예쁘게 생겼다고 칭찬해주었다. 설아는 물론 기분이 날아갈 듯 좋았지만, 수정이는 속이 상했다. 집으로 돌아온 수정이는 엄마에게 물었다.

    "제 피부는 왜 이렇게 까매요? 설아는 뽀얗기만 한데."

    아이들은 자기보다 예쁘고 멋있는 친구가 다른 사람들의 주목을 받으면 매우 부러워하며 자기도 그렇게 되고 싶어한다. 그래서 어떻게 해야 자신의 '부족함'이 해결될까 고민하다가 부모에게 이렇게 묻는다.

    "제 키는 왜 이렇게 작아요?"

    "왜 제 머리카락은 설아처럼 갈색이 아니에요?"

아이가 이런 질문을 하면 부모는 사람의 외모가 저마다 다를 수밖에 없는 이유를 과학적으로 설명해 주어야 한다. 그래야 아이가 더 넓은 시야로 생물계의 다양성과 복잡성, 그리고 개인 간의 차이를 이해하게 되어 자신의 외모를 받아들일 수 있다.

"설아 얼굴이 뽀야면 뽀얀 거지 네 얼굴을 왜 거기에다가 비교해."

아이는 단지 얼굴이 뽀얘지는 방법이 알고 싶은 것뿐이다. 그런데 부모가 깊게 생각하지도 않은 채 이렇게 대답하면 아이는 분명히 상처를 받을 것이다. 이럴 때에는 사람마다 피부색이 다른 이유를 잘 가르쳐 주어야 한다.

"얼굴 뽀얀 게 뭐가 좋아. 바보 같아 보이는데."

다른 집 아이라고 함부로 말하는 것은 곤란하다. 이런 태도로는 아이를 잘 교육시킬 수 없다. 아이들은 부모의 마음 씀씀이와 언어습관을 보고 자란다는 것을 명심하자.

"네 피부가 뭐가 까맣다고 그래. 네 피부색은 노란색이야. 너도 그렇고, 수정이도 그렇고. 우린 황인종이기 때문에 얼굴색이 서로 다를 게 없어. 만약 얼굴이 좀 더 하얘지고 싶다면 햇볕을 덜 받도록 해. 또 토마토나 당근 그리고 녹색채소와 같이 비타민 C가 들어간 채소를 많이 먹어봐. 그러면 얼굴이 지금보다 더 예뻐질 거야."

황인종의 기본 얼굴색은 노란색이다. 이런 황인종의 특징을 설명해주고, 얼굴이 하얘질 수 있는 방법을 몇 가지를 가르쳐주자. 그러나 그보다 더 중요한 것은 얼굴이 예뻐야만 사람들의 관심을 받을 수 있는 것은 아니며 마음이 곱고, 하는 행동이 바르면 더 많은 사랑을 받을 수 있음을 가르쳐주는 것이다.

"사람은 피부색에 따라 백인, 황인, 흑인으로 나눠져. 그럼 왜 이렇게 피부색이 다른 걸까? 그건 멜라닌, 카로틴, 피부 층의 혈관, 피부 층의 두께, 이 네 가지와 상관이 있기 때문이지. 특히 이 중에서도 멜라닌 세포에서 만들어지는 멜라닌이 가장 중요해. 피부 깊숙한 곳의 세포층에 있는 멜라닌 세포는 나무가 가지를 뻗듯이 주변 세포에 돌기를 뻗는데, 이 돌기를 통해서 주변의 세포에 멜라닌이라는 이름의 흑갈색 색소를 전달

해. 그래서 멜라닌 색소가 많으면 얼굴이 까맣고, 적으면 하얗게 되는 거지. 그런데 멜라닌 색소가 많고 적은 것은 유전의 영향과 햇볕을 얼마나 받느냐에 따라 결정돼. 그래서 엄마 아빠 얼굴이 검으면 아이도 피부가 검단다. 또 햇볕을 많이 받으면 몸에 해로운 자외선을 막으려고 멜라닌 색소를 만들어 내서 피부가 까매지지.

그리고 피부 층에 있는 혈관도 피부색에 영향을 줘. 사람의 피부와 피부 속에는 무수히 많은 혈관들이 있는데 여기에 밝은 빨강색 피가 흐르면 얼굴이 불그스름해 보이고, 어두운 빨강색 피가 흐르면 피부색도 까맣게 보이지. 빈혈이 있는 사람은 적혈구가 모자라서 얼굴이 창백해 보이는 거고.

피부 층의 두께도 얼굴색에 영향을 준단다. 그래서 각질층이 너무 두꺼우면 멜라닌이 피부 층 위쪽으로 못 올라오기 때문에 피부가 하얗고, 반대로 너무 얇으면 원래의 피부색이 고스란히 드러나서 까매 보이지. 또 식물에 있는 어떤 물질도 피부색에 영향을 준단다. 당근, 토마토, 감귤, 무, 고구마 같은 주황색 식물에 들어있는 카로틴이 바로 그것이지. 이렇게 주황색 색소를 가진 음식을 많이 먹으면 사람에 따라 얼굴, 손바닥, 발끝, 손가락 마디가 주황색이나 청동색으로 변하기도 해. 하지만 먹는 양을 줄이면 피부색이 다시 원래대로 돌아간단다.

이렇게 피부색은 여러 가지 요인에 따라 결정되는 거란다."

왜 눈은 안 추워요?

기온이 뚝 떨어진 겨울 아침, 미현이는 두꺼운 옷을 입고 모자를 쓰고 장갑까지 낀 채 밖으로 나갔다. 딸의 모습을 본 엄마는 "눈만 빼고 중무장을 했네."라며 웃었다.
바로 그 순간, 갑자기 미현이는 궁금증이 생겼다.
"엄마, 눈은 왜 안 추워요?"

신체기관의 특징을 잘 알고 있는 아이들은 그리 많지 않다. 그래서 가끔씩 이해가 안 되는 문제를 발견하면 신기한 듯 질문을 한다.
"왜 얼굴은 염색이 안 되는데 머리카락은 돼요?"
"왜 손에는 신발을 안 신어요?"

부모는 이런 아이의 질문을 듣고 비웃거나 짜증을 부려서는 안 된다. 오히려 이를 교육의 기회를 삼아 질문한 내용에 정확하게 대답해 주어야 한다. 신체기관의 특징을 이해하는 것은 아이가 자신의 몸을 보호하며 탐구력을 키우는 데 도움이 된다.

"쯧쯧! 얘 질문하는 것 좀 봐. 눈이 추우면 눈가리개도 하게? 왜 또 학교에 가기 싫은 거야?"

아이가 하는 모든 질문에 어떤 목적이 숨어 있으리라고 생각하지 말자. 단지 궁금해서 물었을 뿐인데 학교 가기 싫어서 그런 것으로 뒤집어씌우다니…. 이런 식으로는 아이의 궁금증을 해결할 수 없을 뿐 아니라 정서에 부정적인 영향만 미친다. 만약 이런 식으로 대답한다면 질문하기를 싫어하는 아이가 될 것이다.

"당연히 눈도 춥지. 그래서 안경을 쓰고 다니는 사람도 있잖아."

안경이 눈 시릴 때 쓰는 물건인가? 모를 땐 차라리 솔직하게 모른다고 말하는 것이 이렇게 잘못 가르쳐주는 것보다 낫다.

"글쎄, 엄마도 잘 모르겠네. 같이 책을 보면서 알아보자."

솔직하게 모른다고 말한 뒤 시간을 내서 아이와 함께 과학서적을 찾아가며 이유를 알아보는 것은 아이의 탐구력과 지적욕구를 자극하는 데 큰 도움이 된다. 또한 부모도 아이와 함께 책을 보면서 모르던 사실을 알 수 있어 뜻 깊은 일이 될 것이다.

"눈이 왜 추위를 안타는지 알려면 먼저 사람이 왜 추위를 타는지부터 알아봐야 돼. 사람의 피부에는 온도의 변화를 알 수 있는 냉점과 온점이라는 것이 불규칙적으로 있어. 냉점이 온점보다 더 많이 있지만 말이야. 보통 기온이 내려가면 몸의 온도도 같이 내려가는데, 이렇게 되면 냉점이 자극을 받아서 신경흥분이 일어나. 그래서 이것이 뇌에 전달이 되면 추위를 느끼게 되지. 하지만 눈은 안구, 결막, 눈꺼풀로 이루어져 있어서 열점과 냉점 같은 것이 없단다. 물론 결막과 눈꺼풀에 있긴 하지만 그리 많지가 않아. 그래서 아무리 기온이 변해도 뇌에는 아무것도 전달되지 않아. 게다가 눈꺼풀을 계속 깜빡이고 눈동자도 자주 돌리기 때문에 한겨울에도 눈의 표면 온도는 10℃이상으로 유지되는 거야."

질문 54

제가 제 몸을 간질이면 왜 안 웃겨요?

　퇴근 후, 목욕을 마친 재원이의 아빠는 아이와 함께 침대에서 간지럼 태우는 놀이를 했다. 재원이는 아빠가 간질이는 바람에 자지러지듯이 웃음을 터트렸다. 하지만 아빠는 곧 욕실을 청소해달라는 엄마의 부탁에 놀이를 중단했고, 재원이는 혼자서 제 몸을 간질이며 노는 수밖에 없었다. 그런데 이상하게도 자기가 자기 몸을 간질였더니 전혀 간지럽지가 않았다. 그래서 재원이는 아빠가 욕실 청소를 마치고 돌아왔을 때 물었다.
　"아빠, 제가 제 몸을 간질이면 왜 안 웃겨요?"

　인체의 반응 중에는 다른 사람의 몸을 통해서 더욱 분명하게 관찰할 수 있는 것들이 있다. 다른 사람이 코를 골면 그 소리를 들을 수 있지만 자신이 코를 골면 그 소리를 들을 수 없고, 다른 사람이 어떻게 부끄러움을 타는지는 볼 수 있지만 정작 자신이 부끄러움을 타는 모습은 볼 수 없는 것이 그 예이다. 반면 간지럼을 태우거나 상처부위가 아픈 것처럼 감각적인 면에서는 당사자만이 그 느낌을 알 수 있다. 아이들은 이와 같은 인체의 현상을 발견하면 왜 그런 것인지 부모에게 가르쳐달라고 질문을 한다.

"어떻게 해야 제가 잘 때 코를 고는지 알 수 있어요?"
"제가 부끄럼 타는 모습이 어때요? 예뻐요?"
"엄마는 간지러울 때 느낌이 어때요?"

물론 부모가 인체의 모든 반응과 그 느낌을 다 알고 있을 수는 없다. 하지만 그렇다고 아이의 질문에 대답을 피하면 안 된다. 오히려 이런 아이의 탐구심에 기뻐하고, 아이와 함께 왜 그런 것인지 이유를 알아봐야 한다. 어려서부터 신체의 반응과 감각을 이해하는 것은 아이의 인생에 큰 의미가 있을 것이다.

"누가 그러니? 자기가 자기를 간지럼 태워도 웃음이 나와."

아이의 질문에 깊이 생각해보지도 않은 채 아무렇게나 대답해주지 말자. 부모는 아이의 모든 질문에 인내심을 갖고 과학적인 답변을 들려줘야 한다.

"자기가 자기를 간질이는데 간지러울 리가 있니!"

이렇게 대답해주는 것은 아이의 왕성한 탐구심에 찬물을 끼얹는 것이나 마찬가지이다. 부모로서 크게 잘못하는 것이니, 절대로 이렇게 대답해주지 말자.

"아빠가 한번 해볼까? 어! 정말 웃음이 안 나오네. 왜 그런지 한번 의사 선생님한테 여쭤볼까?"

아이 말대로 실제로 해봤는데 정말로 간지럽지 않다면 어떻게 해야 할까? 이럴 때는 아이의 질문을 해결해줄 수 있는 다른 사람에게 도움을 청해보자. 아이가 다른 사람에게 가르침을 받도록 격려해주는 것도 일종의 지식을 가르쳐주는 방법이다.

"사람이 간지럼을 탈 때 뇌는 곧 '위험해!'라는 느낌을 받아. 마치 독이 있는 벌레가 몸 위를 기어가는 것처럼 말이야. 너도 간지럼 탈 때 꼭 벌레가 기어가는 것 같지 않았니? 하지만 곧 '앗! 몸에 독벌레가 기어가

는 게 아니었네.'라고 알게 되지. 그래서 무서워하는 마음이 사라지고 나면 자기도 모르게 마음 놓고 웃게 되는 거야.

그런데 자기가 자기 몸을 간질이면 왜 웃음이 나오지 않을까? 과학자들이 연구를 해봤더니 뇌가 '아니, 내 손이 내 몸을 간질이려 하는군.' 하고 먼저 알아차리기 때문이래. 그래서 미리 준비하도록 명령을 내려서 아무리 간질여도 웃음이 나오지 않는 거지."

질문 55

> 사람 몸 속에 있는 철은 녹슬지 않아요?

어느 날, 수영이는 집에서 텔레비전을 보다가 우연히 철분을 함유한 간장 광고를 보게 되었다. '철을 보충하면 건강해져요!' 그런데 이 광고 문구를 아무리 되뇌어도 도무지 이해가 가질 않았다.
"엄마, 철을 먹으면 몸 속에서 녹슬지 않아요?"

인류는 생존하기 위해서 반드시 음식물을 섭취해야 한다. 왜냐하면 음식물 속에는 인체에 유용한 성분, 다시 말해서 단백질, 지방, 탄수화물, 무기질, 비타민, 섬유소, 수분과 같은 영양소가 포함되어 있기 때문이다. 이 영양소는 성장발육, 세포와 체액 생성, 신체기관 보호, 신진대사 조절에 중요한 역할을 해서 부족하면 건강에 이상이 생기게 된다. 각 가정에서 부모들이 아이들의 올바른 식습관을 위해 부단히 노력하는 이유도 바로 이 때문이다.

하지만 아이들은 왜 영양소를 골고루 섭취해야 하는지 아직 잘 모른다. 그래서 골고루 먹으라는 어른의 말에 호기심을 갖고 질문하다.
"비타민 C가 뭐예요?"
"우리 몸에 구리가 왜 필요해요?"
"무기질이 뭐예요?"

아이가 이런 질문을 하면 부모는 영양소와 그것이 인체에 미치는 영향을 아이의 수준에 맞추어 자세하게 설명해주어야 한다. 또한 아이가 건강하게 성장하도록 어려서부터 바른 식습관을 길러줘야 한다.

"녹슬면 사람이 살겠니?"

사람은 무의식적으로 체내에 있는 철이 녹슬지 않는다는 사실을 안다. 하지만 왜 그런지 이유를 알고 있는 사람은 그리 많지 않을 것이다. 그래서 위와 같은 대답을 하기 쉬운데, 이러면 아이에게 철이 몸 속에서 녹슬지도 모른다는 공포감을 안겨주므로 바람직하지 않다. 따라서 부모가 잘 모를 때에는 솔직하게 모른다고 말하고, 책이나 인터넷 혹은 다른 사람을 통해 그 이유를 알아보라고 격려해줘야 한다.

"글쎄. 어디선가 몸 속의 철은 녹이 안 슨다고 들은 것 같은데."

그럭저럭 괜찮은 대답이다. 하지만 잘 모를 때에는 다른 방법으로 이유를 알아보라고 말해주는 것이 더 좋은 방법이다.

"광고에서 말하는 철은 철사를 만드는 데 필요한 철이 아니야. 우리 몸에 꼭 필요한 영양소를 말하지. 그런데 이 철은 아무리 먹어도 몸 속에서 녹슬지가 않는단다. 철이 어디에 많이 들어 있는지 아니? 바로 대추, 깻잎, 돼지의 간 같은 데 많아. 그러니까 이런 음식을 많이 먹어야겠지?"

몸 속에 있는 철은 일상생활에 흔히 쓰는 철과 다르다는 것을 알려주자. 더불어 우리 몸에 꼭 필요한 영양소이므로 반드시 음식물로 섭취해야 건강에 이롭다고 말해주자. 아이와 함께 철분이 많이 함유되어 있는 음식에는 무엇이 있는지 철분이 우리 몸 속에서 어떤 역할을 하는지 함께 알아보는 것도 좋다. 아이가 흥미로워 한다면 다른 영양소의 작용에 대해서도 함께 알아보자.

"사람 몸 속에 있는 철은 철사를 만드는 데 필요한 그런 철이 아니야. 우리 몸에 꼭 필요한 영양소란다. 그런데 사람은 태어날 때부터 철이 녹슬지 않도록 막아주는 '철단백질'이라는 걸 갖고 있어. 이 철단백질은 철과 단백질이 합쳐진 거야. 이게 있기 때문에 아무리 철을 먹어도 녹이 슬지 않는 거지.

넌 철이 왜 녹스는지 아니? 바로 공기에 있는 산소랑 만나기 때문이야. 그런데 철단백질은 서로 동그란 통 같은 걸로 연결돼 있어서 철이 산소랑 못 만나게 꼭꼭 감싸고 있어. 그러다가 우리 몸이 필요하다고 하면 철을 풀어서 피 속으로 보내준단다. 정말 믿음직스럽지?"

질문 56

> 왜 웃으면서 눈물을 흘려요?

　세아의 사촌 언니는 올해 대학수능시험을 치렀다. 그리고 얼마 후, 원하던 대학으로부터 합격통지서를 받았다. 그런데 온 가족이 다 같이 기뻐하는 와중에도 혼자 눈물 흘리는 사람이 있었으니, 바로 큰엄마다. 세아는 기쁜 일에 눈물을 흘리는 큰엄마가 이상하게 여겨져 엄마에게 물었다.

　"큰엄마는 왜 웃으면서 눈물을 흘려요?"

　가끔씩 우리 몸에서는 웃으면서 눈물을 흘리고 배고플 때 트림이 나오는, 이해할 수는 없지만 지극히 정상적인 일들이 일어난다. 이는 아이들이 평소에 겪었던, 예를 들면 슬프면 눈물이 흐르고, 배부를 때 트림이 나오는 등의 현상과 상반되는 것이다. 그래서 아이들은 신기한 듯 이런 질문을 한다.

　"배가 고픈데 왜 트림이 나와요?"

"식은땀을 흘린다는 게 뭐예요?"
"몸에서 열이 나는데도 추운 건 왜 그래요?"

아이가 이런 질문을 하면 부모는 매우 과학적이고 정확한 답변을 들려줘야 한다. 그래야 아이가 신체의 현상을 이해하고 자신의 몸에서 일어나는 이상한 증상을 잘 발견하여 큰 병에 걸리는 것을 사전에 막을 수 있다.

"큰엄마는 너무 기뻐서 우시는 거야."

슬플 때에만 눈물을 흘린다고 생각하는 아이에게 기쁨의 눈물은 이상할 수밖에 없다. 결국 이런 대답은 하나마나한 것이다.

"그러게 말이다. 그게 뭐 그리 대단한 일이라고."

설사 진실로 그렇게 생각하더라도 아이에게 그대로 전달한다면 아이도 엄마와 똑같이 삐딱한 사고방식을 가진 사람으로 자라게 된다. 상대방의 입장에서 먼저 헤아리고 이해해주는 마음을 엄마가 먼저 가져야 하지 않을까.

"글쎄, 엄마도 궁금해하던 것이었는데 세아가 물어보네. 우리 한번 과학백과사전을 찾아볼까?"

모르는 것은 부끄러운 일이 아니다. 좋은 부모가 되려면 모르는 걸 당당하게 밝히고 적극적으로 답을 찾아봄으로써 아이의 탐구심을 북돋워 주어야 한다.

"왜 웃으면서 눈물을 흘릴까? 그건 너무 기분이 좋아서 크게 웃다보면 눈이 평소 때보다 더 많이 감기기 때문이야. 그러면 눈에 있던 눈물이 콧구멍으로 들어갔다가 크게 웃는 순간, 압력이 높아져서 다시 눈 밖으로 나오게 되거든. 이런 걸 두고 흔히 웃다가 운다고 말하지."

질문
57

"
어떻게, 숨을 안 쉴 수는 없을까요?
"

　준호가 사는 아파트에는 매일 아침 쓰레기를 수거하러 쓰레기차가 온다. 그런데 준호네는 하필이면 이곳 쓰레기장 맞은편 3층에 살기 때문에 쓰레기차가 올 때마다 고문이 따로 없을 정도로 악취에 시달린다. 어느 토요일 오후, 거실에서 텔레비전을 보던 준호는 갑자기 코를 감싸 쥐었다. 쓰레기차가 나타났는지 밖에서 쓰레기 냄새가 지독하게 들어오기 시작했기 때문이다. 준호는 문을 닫으며 엄마에게 물었다.
　"엄마, 어떻게, 숨을 안 쉴 수는 없을까요?"

　사람이 건강하려면 밥을 먹고, 배설을 하고, 잠을 자는 것처럼 반드시 해야 하는 일들이 있다. 하지만 아이들은 이런 일들을 왜 반드시 해야 하는지 잘 모르기 때문에 부모에게 묻는다.
　"화장실에 안 가면 어떻게 돼요?"
　"밥 안 먹고 살면 안 돼요?"

"눈을 안 깜빡거릴 수는 없어요?"

아이가 이렇게 익살스러운 질문을 할 때 부모는 코웃음 치며 무시해서는 안 된다. 아이가 인체활동에 대해 바르게 이해하고, 자기 멋대로 생각하여 불필요한 위험을 초래하지 않도록 인체의 특징과 역할을 과학적으로 설명해주어야 한다.

"안 돼. 사람은 숨을 안 쉬면 죽는단 말이야."

말이야 바른 말이다. 하지만 이렇게 되면 아이가 호흡하는 데 두려움을 느끼고 지나치게 신경 쓰게 되므로 정신 건강에 이롭지 않다.

"그럼 숨을 안 쉬고 버틸 수 있는지 네가 한번 실험해봐."

아이들은 호기심이 많다. 뿐만아니라 부모의 말을 신의 계시만큼이나 믿는다. 따라서 부모가 대답하기 귀찮아서 무심코 던진 말을 행동으로 옮길 가능성이 충분하다. 그러므로 지나가는 말로라도 안전을 위협하는 말을 해서는 안된다.

"당연히 그렇게 못하지. 사람은 공기에 들어있는 산소를 들이마셔야 살 수 있거든. 그런데 숨을 안 쉬면 산소를 마실 수가 없으니까 죽게 된단다."

어른들에게 아이들의 질문이 황당하게 느껴지는 이유는 어른들이 보기에는 당연한 일을 아이들은 궁금해 하기 때문이다. 그러나 어른들에게 상식이라고 아이에게도 상식일 수는 없다. 아이들의 인지 능력은 어른들의 것과는 분명 다르기 때문이다. 따라서 아이의 질문이 황당하게 느껴지더라도 무시해서는 안 된다. 오히려 더 많은 사실을 알려줄 기회로 여기고 적극 대처해야 한다. 반드시 정답을 얘기해 줄 필요는 없다. 정답을 모른다면 아이에게 "왜 그럴까?"하고 되묻고 함께 답을 찾아보는 것도 아이의 지적 능력을 키워주는 좋은 방법이다.

"사람은 살기 위해서는 반드시 숨을 쉬어야 돼. 왜냐하면 공기에 섞여 있는 산소를 들이마시고, 몸 속에 있는 이산화탄소를 내뱉어야 계속 살 수 있거든. 사람뿐만 아니라 모든 동물이 다 그렇단다."

질문 58

> **사람은 왜 눈이 두 개밖에 없어요?**

어느 날, 시현이는 집에서 거울을 보다가 혀를 날름 내밀어보고, 눈을 살짝 찡그려보고, 괴물 같은 표정을 지어보았다. 그러다 잠시 후, 마치 신대륙이라도 발견한 것처럼 엄마에게 물었다.

"엄마, 사람은 왜 눈이 두 개밖에 없어요?"

인체란 얼마나 오묘한가. 대부분의 사람들이 입 하나, 눈 두 개, 손 두 개, 발 두 개 그리고 손가락 열 개를 가지고 있는데, 이는 인류의 진화와 유전의 결과이다. 하지만 아이들은 이 사실을 잘 모르기 때문에 매우 신기해하며 질문한다.

"왜 사람은 입이 하나뿐이에요?"
"사람은 언제 다리가 네 개가 돼요?"
"왜 사람은 눈이 두 개밖에 없어요?"

이런 질문을 받으면 부모는 아이가 인체에 대해 바른 인식을 갖고, 자신의 몸을 더욱더 사랑할 수 있도록 정확한 답변을 들려줘야 한다.

"눈이 두 개가 아니면 그건 괴물이지."

건강하게 태어난 아이는 눈이 두 개일 수밖에 없다. 하지만 눈에 장애가 있는 사람도 엄연히 있으므로 부모가 이렇게 대답해주면 아이는 장애우에게 무심코 모욕을 줄지도 모른다.

"그거야 태어날 때부터 두 개였으니까 그렇지."

얼핏 보기에는 바른 답변 같다. 하지만 이렇게 해서는 아이의 궁금증을 완전히 풀어줄 수 없다. 아이는 이런 말을 아무리 수천 수백 번 들어도 정작 사람의 눈이 왜 두 개인지는 알지 못할 것이다.

"글쎄, 사람뿐 아니라 동물들도 눈이 두 개인 걸 보면 틀림 없이 이유가 있을 텐데, 엄마도 잘 모르겠네. 왜 눈이 두 개일까?"

아이의 질문은 얼핏 보기에는 복잡해 보이지만 그 속을 열어보면 의외로 매우 간단하다. 아이가 이런 질문을 하는 이유는 눈이 한쪽밖에 없으면 힘들게 다른 한쪽 눈을 찡그리지 않고도 사격조준을 할 수 있으리라는 생각 때문이다. 따라서 이런 경우에는 왜 보통 때는 눈을 뜨고 다니면서 사격할 때는 한쪽 눈을 감는지 함께 생각해 보면서 답을 찾아보는 것도 좋다.

아이의 천재성을 깨우는 현명한 엄마의 대답 Good

"사람의 눈이 두 개인 이유는 우리의 몸이 그렇게 발전해왔기 때문이야. 살려면 그렇게 변할 수밖에 없었던 거지. 사람은 눈이 두 개일 때 가장 살기가 편하다고 할 수 있어. 왜냐하면 한 눈으로 주변을 관찰하는 것보다 두 눈으로 관찰할 때 훨씬 정확하고 자세하게 볼 수 있거든. 또 사람이 사물을 입체적으로 볼 수 있는 것도 눈이 두 개이기 때문이야. 예를 들어 볼까? 두 눈의 가운데에 두 손을 기도하듯이 모아봐. 아예 코에 딱 붙여서 말이야. 그리고 한쪽 눈을 감아봐. 그럼 어떠니? 왼쪽 눈을 감으면 왼쪽 손이 안 보이고, 또 오른쪽 눈을 감으면 오른쪽 손이 안 보이지? 하지만 두 눈을 모두 뜨고 봐봐. 왼쪽 오른쪽 모두 다 보이잖아. 왼쪽 눈과 오른쪽 눈이 각각 따로 본 모습이 눈의 망막이라는 곳에서 다시 하나로 합쳐져서 사물이 입체적으로 보이는 거란다. 눈이 두 개가 된 것은 이처럼 사물을 입체적으로 보기 위해서야

사물을 입체적으로 보는 건 매우 중요해. 공사장에서 일하는 아저씨들이 선반을 나르고, 기사가 차를 운전하고, 조종사가 비행기를 조종할 때

모두 입체적으로 볼 수 있어야 하거든. 만약 그렇지 않으면 사고가 많이 날 거야. 물론 한쪽 눈만 필요할 때도 있지. 예를 들면 목수 아저씨는 칼의 날이 바로 섰는지 알아보기 위해 한쪽 눈을 찡그리고 날을 살피는데. 이렇게 하면 날의 이쪽저쪽을 자세히 볼 수 있어서 검사하기가 훨씬 편해져."

질문 59

> **왜 별은 반짝반짝 거려요?**

어느 날 저녁, 지니와 아빠는 아파트 발코니에서 밤하늘을 바라봤다. 은가루가 뿌려진 듯 하늘을 가득 채운 별 중에는 마치 눈을 깜빡이듯 반짝반짝 빛나는 별들이 있었다. 지니는 아빠에게 질문을 했다.
"아빠, 왜 별은 반짝반짝 거려요?"

대자연은 아이들에게 무수히 많은 탐구의 기회를 준다. 대자연의 현상에는 아이들이 궁금해할 수밖에 없는 것들이 많기 때문이다.
"달이랑 태양 중에 무엇이 더 커요?"
"하늘에서 왜 저렇게 많은 별들이 떨어져요?"
"왜 달은 자꾸 저를 따라와요?"

이런 질문을 받으면 부모는 시간을 내서 아이의 지적욕구를 채워 주어야 한다. 자연과학의 지식을 아이가 이해할 수 있도록 가르쳐 주자.

"그런가? 왜 난 모르겠지?"

이런 식의 대답은 아이의 열정에 찬 물을 끼얹은 것이나 다름없다. 이렇게 되면 아이는 아빠의 정서가 메말랐다고 생각하고, 앞으로는 아예 질문을 안 할 수도 있다.

"그거야 별이 널 좋아하니까 그렇지."

아이는 아빠가 농담을 하는지도 모른다. 그래서 이렇게 잘못 가르쳐 주면 그것이 별이 반짝거리는 이유라고 철썩 같이 믿을 것이다. 이런 왜곡이 아이에게 어떤 영향을 줄지 한번 생각해보았는가?

"사실, 별은 반짝이지 않아. 단지 지구에서 너무 멀리 있기 때문에 어떤 별은 반짝이는 것처럼 보이는 것뿐이지. 함께 책을 찾아볼까? 그림을 보면 더 잘 이해될 거야."

아이를 똑똑하게 키우는 가장 좋은 방법은 책을 많이 읽게 하는 것이다. 그런데 무턱대고 책을 읽으라고 하면 오히려 흥미를 잃을 수 있다.

아이를 영재로 키운 부모들 중에는 아이의 질문을 독서로 연결해준 이들이 적지 않다. 아이의 질문에 즉각 답하는 대신 관련된 책을 함께 찾아보면서 궁금증을 해결하고 동시에 책에 대한 흥미를 불러일으킨 것이다. 아이가 과학에 관한 호기심을 보인다면 재미있는 과학책을 읽게 하자. 틀림 없이 책을 좋아하는 아이가 될 것이다.

"별이 반짝이는 건 공기가 움직이기 때문이야. 사실, 하늘에는 많은 별들이 있지만 모든 별이 다 반짝이는 건 아니란다. 우리가 별을 볼 수 있는 이유는 별빛이 두꺼운 지구의 대기층을 뚫고 땅에 도착했기 때문이야. 무슨 말인가 하면, 지구의 대기층에서는 차가운 공기와 두꺼운 공기가 바람을 타고 끊임없이 위아래로 움직이고 있어. 그래서 지구에서 아주 멀리 떨어져 있는 별의 빛은 지구의 대기층을 통과할 때 별빛이 꺾여서 일순간 모였다가 또다시 흩어지는데, 이때 대기 상태가 불안하면 우리가 볼 때는 마치 별이 반짝이는 것처럼 보이는 거란다. 지구와 가까운 곳에 있는 별은 꺾이는 정도가 작아서 반짝거리지 않는 거고."

질문 60

> **눈이 오면서 천둥이 치면 나라에 나쁜 일이 생겨요?**

 올해 들어 가장 추웠다는 일요일 저녁, 함박눈이 내리는가 싶더니 갑자기 난데없이 천둥소리가 울렸다. 그러자 벼리 할머니는 걱정스러운 얼굴로 말했다.
 "빨리 마트에 가서 라면이라도 몇 박스 사와야지 안되겠구나. 눈이 내리면서 천둥이 치는 걸 보니 분명히 나라에 나쁜 일이 생기겠어."
 할머니의 말씀에 긴장이 된 벼리는 아빠에게 물었다.
 "아빠, 눈이 오면서 천둥이 치면 나라에 나쁜 일이 생겨요?"

 살다 보면 가끔씩 이상한 자연현상을 경험할 때가 있다. 그럴 때면 어김없이 수많은 미신들이 떠돈다. 하지만 아이들은 이상한 자연현상이 왜 일어나는지 모르기 때문에 그런 일을 겪으면 무척 신기해하며 질문을 한다.
 "설날에 천둥치면 왜 안 좋아요?"

"회오리바람은 하늘이 일으킨 거예요?"

이런 질문을 받으면 부모는 아이가 이해할 수 있도록 과학적인 대답을 해줘야 한다. 아이가 어려서부터 미신에 현혹되지 않고 과학적인 방법으로 문제를 잘 해결하도록 지도해주자.

"그럼. 미리 가서 라면이라도 사다놓아야겠는 걸."

보아하니 부모도 미신을 믿는 사람인 것 같다. 과연 이런 부모가 자연현상을 과학적으로 설명해주며 제대로 된 교육을 할 수 있을까?

"아니, 할머니가 괜히 그러시는 거야."

아이에게 정확한 대답을 해주는 것도 중요하지만 어른을 존경하도록 가르치는 것도 중요하다. 적절한 이유설명 없이 이렇게 말하면 아이는 어른의 말을 쉽게 믿지 못하게 될 것이다.

"아니, 그건 미신이야. 왜 눈이 내리면서 천둥이 치는지는 아빠도 잘 모르겠네. 함께 인터넷에서 찾아볼까?"

잘 모르는 내용이지만 함께 알아보자고 하면 아이는 호기심을 충족할 수 있을 뿐 아니라 자연현상이나 미신에 대해 더 많은 정보를 접하게 되어 관련지식이 쌓이게 될 것이다. 자연현상을 이해하려는 열정을 더 크게 키울 것이다. 이것이 결국 부모가 바라는 바가 아닌가?

"하늘에서 비나 눈이 내리면서 천둥이 치는 건 나라에 나쁜 일이 생기기 때문이라고 생각하는 건 미신이야. 미신이란 어떤 신기한 일이 일어났을 때 왜 그런 일이 일어났는지 과학적으로 생각해보지도 않고 그냥 믿어버리는 거야.

오늘 일을 예로 들어볼까? 눈이 내리면서 천둥이 친다, 이건 그냥 자연현상이야. 그래서 기후 조건만 맞으면 어느 곳에서든지 일어날 수 있는 일이지. 하지만 옛날에는 오늘날처럼 과학이 발달하지 않아서 이런 자연현상을 마치 하늘의 뜻인 양 생각했어. 예를 들어 아주 옛날 어느 겨울에 눈이 내리면서 천둥이 쳤어. 그런데 그즈음에 나라에 나쁜 일이 생긴 거야. 그 후로도 몇 번 비슷한 일이 일어나자 사람들은 '아! 눈이 내리면서 천둥이 치면 나라에 나쁜 일이 생기는구나.' 하고 생각하게 됐지. 이런 생각이 입에서 입으로 전해져 지금까지 내려오게 된 거야. 과학이 발달하지 않은 옛날에는 이렇게 만들어진 미신이 통했지만 요즘에는 그렇지 않아. 눈이 내리면서 천둥 치는 현상 역시 나라에 나쁜 일이 생길 징조가 아니라 자연현상일 뿐이야."

하늘에 구름이 잔뜩 낀 겨울날, 구름층의 기온이 영하로 내려가면 수증기도 모두 얼어버려. 이런 수증기가 구름에서 떨어질 때 땅의 기온이 3도 아래로만 내려가면 바로 눈송이가 돼. 그런데 날씨가 더 추워져서 영하로 내려갔다고 치자. 만일 이때 차가운 공기 위로 따뜻한 공기가 불어오면 합쳐진 공기는 더 이상 차갑지 않기 때문에 다시 하늘로 강하게 올라가려고 한단다. 이렇게 차가운 공기는 내려가고 따뜻한 공기는 올라가면서 서로 위치가 바뀌는 것 을 대류현상이라고 해. 대류현상이 일어나면 차가운 공기와 따뜻한 공기가 서로 위치를 바꾸려고 막 부딪치기 때문에 눈이 내리는 동시에 천둥이 치는 거란다."

질문 61

> 해일은 왜 일어나요?

'인도양에서 해일이 발생해 약 삼십만 명이 사망하고, 수백만 명의 이재민이 발생했습니다. 이에 부녀회에서는 특별히 모금함을 만들어 여러분의 참여를 기다리고 있습니다. 어려운 이웃을 돕는 것은 우리나라의 아름다운 풍습입니다. 이재민에게 많은 도움의 손길을 보내주시기 바랍니다.'

나림이는 아파트 입구에 붙어있던 이 공고문을 보고 집으로 돌아가서 책을 읽고 있는 아빠에게 물었다.

"아빠, 해일은 왜 일어나요?"

대자연은 인류에게 삶의 터전을 제공해주는 한편 지진, 화산폭발, 해일과 같은 무서운 자연재해로 우리의 삶을 위협하기도 한다. 일단 자연재해가 일어나면 인류는 어마어마한 피해를 입기 마련이다. 하지만 아이들은 이런 자연재해가 무서우면서도 한편으로는 신기하기 때문에 이런 질문들을 쏟아놓는다.

"지진은 왜 일어나요?"

"화산폭발이 뭐예요?"

"어떻게 해야 지진, 화산폭발, 해일이 안 일어나요?"

아이가 이런 질문을 하면 자연재해가 일어나는 이유와 그 파괴력, 예방책을 말해주자. 이로써 아이는 탐구심을 충족할 수 있을 뿐 아니라 자연재해와 같은 긴급 상황이 발생했을 때 어떻게 자신을 보호해야 하는지 알게 된다.

"왜? 기부하려고? 우리 집 코가 석자다."

꼭 이렇게 대답해서 자신의 이기적이고 비뚤어진 마음을 드러내야 할까? 이런 부모가 과연 아이를 가르치고 기를 자격이 있을까?

"네가 신경 쓸 일이 아니야."

이렇게 말하면 아이의 호기심과 열정이 식을 뿐만 아니라 부모에 대한 믿음까지도 잃게 된다. 알고 싶은 욕구와 불우한 이웃을 도우려는 마음을 칭찬해 주지는 못할망정 무안을 주지는 말아야 한다.

"해일은 굉장히 크고 무서운 파도야. 일단 해일이 일면 사람들은 큰 피해를 입게 돼. 해일에 대해서 아빠랑 좀더 자세히 알아보자."

이렇게 해일이 무엇인지 간단하게나마 얘기해주면 아이의 지적욕구가 만족되는 동시에 자연에 대한 탐구심도 커진다.

"해일은 바다 속 아주 깊은 곳에서 큰 지진이 일어날 때 생기는 엄청나게 큰 파도란다. 사람들에게 피해를 주는 아주 무서운 파도지. 또한 바닷가에서 산사태가 일어나거나 화산이 폭발할 때도 해일이 일어나. 파도가 산만큼 높게 치면서 말이야.
해일은 엄청나게 힘이 세기 때문에 한번 해일이 일어나면 사람이 살 수 없을 만큼 엉망진창이 돼. 사람도 많이 죽고, 집도 다 바닷물에 떠내려가거든. 그럼 넌 '해일이 일어나는 걸 막으면 되잖아요.'라고 말하겠지? 그런데 말이야, 지금으로서는 그렇게 하기 힘들단다. 아무리 과학자들이 연구를 해봐도 그걸 완전히 막을 수 없다는 구나."

질문 62

> 언제쯤 돼야 나무가 하늘 끝까지 자라요?

일요일 아침, 아중이는 아빠와 함께 수목원으로 소풍을 갔다. 수목원에는 여러 가지 나무가 많았는데 아빠가 그중 한 그루를 보며 감탄을 금치 못했다.

"나무가 정말 크구나! 어쩌면 저렇게 높이 자랐지?"

아빠의 말에 아중이도 고개를 들어 나무를 올려다보았다. 그런데 그곳에는 나무보다 더 높은 하늘이 있었다. 아중이는 아빠에게 말했다.

"아빠, 언제쯤 돼야 나무가 하늘 끝까지 자라요?"

아이들은 대부분 꽃, 잔디, 나무와 같은 식물에 큰 흥미를 갖고 있다. 심지어 생명이 없는 사물에도 사람과 똑같이 감각과 의지가 있다고 믿기도 한다. 그래서 어른들에게 이런 재미있는 질문을 한다.

"잔디도 잠을 자요?"

"꽃은 어떻게 말해요?"

"꽃이 왜 부끄러워해요? 제가 쳐다봐서 그래요?"

이런 질문을 받으면 부모는 아이가 사물을 바로 인식하고, 더 많은 흥미와 열정을 갖고 자연을 탐구하도록 과학적인 대답을 해줘야 한다.

"나무는 하늘 끝까지 자랄 수 없어."

왜 그런 것일까? 구체적인 설명도 없이 이렇게 대답만 해주면 아이의 궁금증은 풀릴 줄을 모를 것이다.

"바보야, 나무가 어떻게 하늘 끝까지 자라니?"

아이를 비웃지 말자. 자칫 적극적으로 알고자 했던 아이의 탐구력이 떨어질 수 있다.

"나무는 아무리 커도 하늘 끝까지 자랄 수 없어. 왜 그런지는 여기서 자세하게 얘기하기가 어려우니까 나중에 인터넷으로 알아봐줄게."

나무는 하늘 끝까지 자랄 수 없다는 사실을 말해주고, 궁금한 내용을 인터넷으로 찾아보는 것은 매우 훌륭한 방법이다. 이렇게 되면 아이는 스스로 정보를 찾아서 공부하는 즐거움을 알게 된다.

아이의 천재성을 깨우는 현명한 엄마의 대답 *Good*

"나무는 하늘까지 자랄 수가 없어. 한번 생각해봐. 나무가 계속 자라면 어떻게 되겠니? 분명히 언젠가는 천둥이나 센 바람을 맞아서 쓰러지게 될 거야. 아니면 영양이나 물이 모자라서 말라죽던가. 뭐 햇빛을 많이 못 받아서 더는 못 클 수도 있겠지. 한번 이런 계산을 해보자. 어떤 나무가 있어. 이 나무는 다른 나무보다 100배나 빨리 자라서 나뭇가지도 100배나 빨리 자라지. 그런데 이렇게 되면 무게가 엄청나게 늘어날 텐데 과연 나무가 그걸 이겨낼 수 있을까? 분명히 이 나무는 가지에 눌려서 쓰러지고 말 거야. 물론 아름드리나무가 계속해서 잘 자란다면 나무 둘레가 엄청나게 크겠지. 하지만 아무리 아름드리나무라도 계속 자랄 순 없단다."

질문 63

> **이렇게 추운데 금붕어가 물 속에 있어요 춥지 않을까요?**

어느 추운 겨울날 아침, 탐희는 엄마와 함께 공원으로 달리기를 하러 갔다. 모녀는 한참을 달린 뒤, 연못가에서 잠시 쉬기로 했다. 이때 연못에서 유유히 헤엄을 치는 금붕어를 발견한 탐희가 엄마에게 물었다.

"엄마, 이렇게 추운데 금붕어가 물 속에 있어요. 춥지 않을까요?"

천진난만하고 사랑스러운 마음을 가진 어린아이들은 대부분 작은 동물을 보호하려고 한다. 하지만 그 정도가 겨우 본능에 머무르는 수준이기 때문에 동물에 관한 지식을 얻고 이해하며 또 그 마음을 실제로 실천하는 데는 한계가 있다. 그래서 종종 이런 호기심 어린 질문들을 한다.

"아기 오리도 다치면 아파요?"
"왜 강아지를 묶어놔요?"
"호랑이는 철장 속에서 답답하지 않을까요?"

아이가 이런 질문을 하면 부모는 동물을 사랑하는 아이의 마음을 격려하여 자연과 생명을 지혜롭게 보호할 수 있도록 지도해야 한다.

"아니. 금붕어는 추울수록 정신을 바짝 차려."

과연 그럴까? 그것을 부모가 어떻게 아는가? 이렇게 잘못 대답해주면 아이는 이런 말을 할지도 모른다.
"엄마, 저도 들어가서 정신 좀 바짝 차리고 나올래요."

"춥겠지. 하지만 추운 게 물을 떠나서 말라 죽는 것보단 나을 거야."

이렇게 대답해주면 아이는 금붕어가 가여워 도와주고 싶지만 그렇게 하지 못하는 자신을 자책하고, 그래서 상처를 받는다. 아이가 하루 종일 속상해하는 모습을 보고 싶지 않다면 이렇게 대답하지 말자.

"물이 굉장히 차갑겠지? 하지만 물 속이야말로 금붕어가 있어야 할 곳인걸. 그리고 계속 움직이기 때문에 춥지 않을 거야."

자기중심적으로 주변 사물을 판단하는 것은 어린 아이들의 심리적인 특징이다. 그래서 자기가 추우면 물 속에 사는 금붕어도 추울 것이라고 생각한다. 따라서 부모가 이같이 대답해주는 것은 매우 현명한 방법이라고 할 수 있다. 물고기는 얼어 죽지 않는다는 사실을 알려줌으로써 아이가 걱정을 덜하게 되기 때문이다.

아이의 천재성을 깨우는 현명한 엄마의 대답 Good

"기온이 떨어지면 찬 공기와 직접 닿는 강, 호수, 연못의 수면 온도도 같이 떨어진단다. 이때 물의 온도가 4℃ 이상이면 온도가 낮은 수면의 물은 부피가 줄고 밀도가 커져서 아래로 가라앉게 되지. 반면에 깊은 곳에 있던 물은 위로 올라와서 물 속에서는 대류현상이 일어나. 이렇게 위에 있던 차가운 물과 아래에 있던 따뜻한 물이 자리를 바꾸면서 돌고 돌면 물의 온도가 적당하게 균형을 이루게 되지. 하지만 기온이 뚝 떨어져서 4℃ 이하가 되면 아까와는 정 반대로 차가운 물이 아래로 내려가지 않고 수면에 그대로 머무르면서 얼음이 돼. 얼음은 열을 잘 전달해주지 않기 때문에 위에 얼음이 있으면 물이 깊은 곳은 계속 4℃ 이상이 된단다. 물 위의 얼음이 두꺼운 보호막이 돼서 물고기는 따뜻하게 겨울을 보낼 수가 있는 거지."

질문 64

세상에는 정말로 귀신이 있어요?

어느 날, 하경이는 집에서 엄마 몰래 일본 공포영화 〈링〉을 봤다. 그런데 너무나 무서운 영화라 끝까지 다 보지도 못했다. 나중에 엄마가 돌아오자 하경이는 잔뜩 겁먹은 얼굴로 물었다.
"엄마, 세상에는 정말로 귀신이 있어요?"

아이들은 경험이 부족하고 추측하는 능력이 충분히 발달되지 않아 논리적인 사고를 하지 못한다. 그래서 실제상황과 실제처럼 보이는 상황을 구분하지 못하고, 가상의 세계와 맞닥뜨리면 이상하게 생각하며 질문을 한다.
"산타할아버지는 진짜로 있어요?"
"세상에 정말로 도깨비가 있어요?"

이런 질문을 받으면 부모는 아이가 질문하는 요점을 잘 파악한 뒤 아이의 나이와 이해력을 바탕으로 합리적인 대답을 해줘야 한다. 물론 세상을 바라보는 아이의 시선이 한순간에 바뀌지는 않겠지만 초등학교에 들어갈 때쯤 되면 그만큼 논리적인 사고력과 이해력이 발달되어서 세상에 대한 인식도 점차 변할 것이다.

"그러게 누가 그런 영화 보래? 무서워 죽겠지?"

이런 일로 아이를 나무라지 말자. 아이에게도 엄연히 영화를 감상할 권리가 있으며 어차피 이런 공포영화도 '본' 것이 아니라 '보인' 것이다. 만약 부모가 공포영화 DVD를 빌려오지 않았다면 과연 아이가 이 영화를 봤을까? 부모는 질문의 목적이 무엇인지 잘 파악한 뒤 아이가 이해할 수 있도록 합리적인 대답을 해줘야 한다.

"있어. 네 외할머니가 실제로 보셨단다."

귀신을 본 적이 있다고 말하는 사람들은 많다. 하지만 여전히 대다수의 과학자들은 귀신의 존재를 부정하고 있다. 따라서 아이가 사실을 잘 못 알지 않도록 이렇게 대답해줘서는 안 된다.

"글쎄. 이 문제에 대해선 지금 확실하게 못 말해주겠네. 하지만 텔레비전에 나오는 귀신은 다 가짜란다. 그러니까 무서워하지 않아도 돼."

현재 과학계에서는 귀신의 존재를 인정하지 않고 있다. 하지만 이는 과학계가 앞으로 밝혀야 할 수수께끼이지 이로써 모든 미지의 현상을 부정할 수는 없을 것이다. 따라서 이 문제는 부모가 확실하게 대답해줄 수 없는 분야이므로 아이가 지나치게 겁을 먹지 않도록 텔레비전에서 본 귀신은 가짜라는 것까지만 말해줘야 한다.

"세상에는 과학적으로 밝혀지지 않은 일들이 종종 일어난단다. 귀신이 있느냐, 없느냐 하는 것도 그런 문제야. 그래서 엄마도 귀신이 있다, 없다 확실히 말해 줄 수는 없어. 앞으로 과학이 더욱 발전해서 이 수수께끼가 풀리길 바랄 뿐이지. 만약에 이 분야에 관심이 많다면 책을 많이 읽도록 해. 책을 많이 읽다보면 답을 얻을 수 있을지도 모르니까."

질문 65

> **지구의 첫 번째 사람은 어떻게 태어났어요?**

어느 날, 정민이는 집에서 〈서유기〉를 읽었다. 그런데 저팔계가 자모하의 물을 마시고 아이를 임신했다는 구절을 읽는 순간, 자신은 엄마가 낳았다는 사실이 새삼스럽게 떠올랐다. 그래서 엄마가 집에 돌아오기를 기다렸다가 물어보았다.

"전 엄마가 낳아주셨죠?"

"그럼."

"그럼 엄마는요?"

"그야 외할머니가 낳아주셨지."

"그럼 외할머니는요?"

"당연히 외증조할머니가 낳아주시지 않았겠니?"

"그럼 지구의 첫 번째 사람은 어떻게 태어났어요?"

정민이의 진지한 질문은 끊이질 않았다.

세상에는 아직까지도 과학자들이 풀지 못한 많은 수수께끼들이 있다. 그래서 아이들은 가끔씩 이런 문제를 궁금해 하며 물어온다.

"닭이 먼저예요, 달걀이 먼저예요?"

"식물은 어떻게 해서 만들어졌어요?"

유아기 아동은 간혹 대답하기 곤란한 내용을 꼬치꼬치 캐묻는다. 사실, 과학계에서도 아직 밝혀내지 못한 사실을 부모라고 알 수 있겠는가? 아이가 이런 질문을 하면 부모는 정확하게 말해주려고 하는 것보다 다각도에서 생각해보게 하는 것이 좋다.

"하나님이 만드셨지."

확실하지 않은 답을 말해주면 아이가 혼란스러워한다. 이런 대답으로는 아이에게 만족감도, 좋은 영향도 줄 수 없다.

"몰라. 넌 뭘 그런 쓸데없는 생각을 하니? 가서 숙제나 빨리 해."

아이는 새로운 현상을 발견하거나 어떤 질문을 했을 때 부모가 집중해주면 만족감을 느끼고, 더 많은 질문을 하게 된다. 반면 부모가 짜증을 내면 아이의 탐구심은 사라지게 된다.

"글쎄, 엄마도 궁금한데 잘 모르겠네. 엄마뿐만 아니라 과학자들도 모른대. 어쩌면 네가 어른이 될 쯤에는 밝혀질지도 모르겠구나."

현대과학이 풀지 못한 문제라는 것을 사실 그대로 말해주면 된다. 아울러 여러가지 견해나 학설을 함께 찾아보는 것도 좋다. 비록 아이의 궁금증을 해소시켜주기는 힘들겠지만 언젠가 인류가 그 답을 꼭 밝혀낼 것이라는 희망의 말로도 아이의 탐구심은 더 크게 자랄 수 있다.

"이 지구의 첫 번째 사람은 어떻게 태어났을까? 과학자들은 원숭이 같은 동물이나 바다에 사는 생물이 변한 거다, 아니면 우리가 잘 모르는 어떤 생명체가 또 있을 것이다 등등 여러 가지 의견을 내놓았어. 하지만 지금껏 어떤 과학자도 무슨 의견이 백 퍼센트 정확하다, 확실하게 밝혀내지 못했지. 그래서 이 문제는 앞으로 풀어야 할 어려운 숙제 가운데 하나로 남아 있단다."

질문 66

지구는 어떻게 태어났어요?

　일요일 오후, 어떤 일에 집중해서 생각하기를 좋아하는 준서는 집에서 과학카페라는 프로그램을 시청했다. 과학카페는 이전에 몰랐던 새로운 과학지식을 많이 알려줘 준서가 무척 좋아하고 즐겨 보는 프로그램이었다. 이번 시간에는 지구에 관해 다루었는데, 지구의 공전과 자전 그리고 내부구조에 대해 자세히 설명해 주었다. 하지만 준서가 예전부터 가장 알고 싶었던 지구의 탄생 과정은 나오지 않았다. 결국 준서는 아빠에게 물었다.
　"아빠, 지구는 어떻게 태어났어요? 혹시 아빠는 알고 계세요?"

　지구, 별, 달, 우주가 어떻게 탄생했는가는 예로부터 인류가 가장 관심을 보였던 문제다. 자라면서 지적욕구가 점점 왕성해지는 아이들도 자연스럽게 이 문제에 호기심을 갖고 부모에게 이것저것 많이 물어본다.

"우주는 어떻게 만들어졌어요?"
"별, 달, 태양은 어떻게 태어났어요?"
"세상은 어떻게 시작됐어요?"

어려운 문제이지만 아이가 호기심을 보일 때 부모가 잘 지도해주면 얼마든지 재미있게 공부할 수 있다.

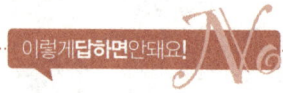

"잘 모르겠네. 나중에 크면 책에서 찾아봐."

꼭 다 클 때까지 기다려야 하는가? 부모가 조금만 더 세심하게 신경 쓰면 지금도 얼마든지 책을 보면서 지구의 탄생을 알 수 있다.

"너 혼자 책에서 찾아보면 안 돼? 자기가 노력해서 알 생각은 안하고 사사건건 꼭 다른 사람이 가르쳐줄 때까지 바라지."

아이에게 아무 때나 타박을 주지 말자. 이렇게 대답해주면 아이는 흥미와 호기심을 잃고, 어른에게 불만을 품을 것이다.

 이렇게 답해주세요!

"그게 궁금하니? 그럼 아빠랑 같이 서점에 가서 한번 책을 찾아볼까? 책에는 나와 있을 테니까 말이야."

아이의 집중력을 과학서적을 읽는 흥미로까지 이어주는 좋은 방법이다. 또한 부모와 함께 관련 서적을 구입해서 읽어보는 경험을 통해 모르는 내용이 있을 때는 책을 찾아보면 된다는 사실을 배울 수 있다.

"지구는 어떻게 태어났을까? 이건 많은 사람들이 알고 싶어 하는 수수께끼 같은 문제야. 어떤 사람은 하나님이 만들었다고 하고, 또 어떤 사람은 우주에 있던 어떤 물질이 자연스럽게 지구가 됐다고 하지. 이 밖에도 여러 가지 주장이 있지만 어느 것 하나 확실하지 않단다. 물론 요즘에는 망원경이 굉장히 좋아져서 우주에 있는 별들을 잘 관찰할 수가 있고, 그래서 지구가 어떻게 태어났는지 많이 연구되고 있어. 하지만 여전히 완벽한 답은 없단다. 이렇게 궁금한 것투성이니 앞으로 사람들이 더욱더 열심히 연구해야겠지? 너도 그 중 한 사람이 됐으면 좋겠구나."

질문 67

외계인이 정말로 있어요?

어느 날, 지현이의 유치원 선생님은 아이들에게 영화 〈E.T.〉의 이야기를 들려주었다. 방과 후, 아이들은 집으로 돌아가면서 아까 낮에 들은 외계인에 대한 이야기를 나누었다. 지현이는 영화 이야기가 너무 실감 났던 터라 외계인을 직접 만나보고 싶은 마음이 굴뚝같았다. 하지만 선생님은 외계인이 실제로 존재하지 않는 생명체라고 말하지 않았던가! 그런데 외계인이 정말로 없다면 어떻게 그들에 관한 수많은 이야기가 떠돌 수 있을까? 생각할수록 지현이의 머릿속은 복잡해지기만 했다. 그래서 집에 도착하자마자 아빠에게 물었다.

"아빠, 외계인이 정말로 있어요?"

인류의 왕성한 호기심과 지적욕구는 그동안 탐구의 범위를 인류에서 지구 그리고 우주로까지 점차 넓혀갔다. 또한 미지의 세계에 대한 연구도 끊임없이 진행되고 있어 복잡하고 정밀한 지식체계를 갖추고 다양한 세계, 이른바 문명을 창조하며 더욱더 풍성한 정신문화를 이뤄가고 있다. 그 가운데 아이들은 이런 탐구의 혜택을 받는 동시에 앞으로 계승해나갈 사람으로서 인류가 밝혀낸 미지의 세계에 굉장한 호기심을 갖고 있다. 그래서 때때로 이런 질문을 하기도 한다.

"UFO를 본 사람들이 많아요?"

"외계인은 어떻게 생겼어요?"

"우주의 다른 별에도 사람이 살아요?"

아직 과학계에서도 밝혀내지 못한 미지의 세계를 부모가 알 수는 없을 것이다. 그렇다 해도 아이의 탐구심을 격려해주고, 지적욕구를 키워나갈 수 있도록 이끌어야 한다.

"몰라. 난 본 적이 없거든."

이런 식의 무관심한 대답은 아이에게 실망만 안겨줄 뿐이다.

"없어. 외계인은 사람들이 다 지어낸 얘기야."

아이에게 정확한 답변을 들려줄 수 없을 때에는 다른 방법으로 궁금증을 해소하도록 격려해주어야 한다. 이렇게 하나마나한 말을 해서는 안 된다.

"글쎄. 과연 외계인이 있느냐, 없느냐 그건 아직까지 확실하게 알 수 없어. 그래서 정확하게 말해줄 수가 없구나. 만약 외계인에 대해서 더 많이 알고 싶다면 책이나 인터넷을 찾아봐. 재미있는 내용이 아주 많을 테니까."

외계인은 아직 존재가 확실하게 밝혀지지 않은 생명체라는 사실과 원하는 지식을 효과적으로 찾을 수 있는 방법을 알려주는 좋은 대답이다. 또한 이로써 외계인에 대해서 알고 싶은 아이의 탐구심이 만족되고 새로운 지식을 발견하려는 지적욕구도 자극될 수 있다.

"과연 외계인이 있을까, 없을까? 그건 아무도 모르는 거야. 왜냐하면 아직까지 외계인을 만나본 사람도, 외계인을 찍은 사진도 없거든. 물론 가끔 외계인을 봤다고 하는 사람이나 외계인을 사진 찍었다고 하는 사람들이 있었지만 확실하지는 않아. 그들이 주장하는 외계인 사진이 다 가짜로 밝혀졌거든. 하지만 과학자들은 우주의 다른 별에 분명히 어떤 생명이 살 거라고 믿고 있어. 우주는 끝없이 넓기 때문에 어쩌면 우리가 상상도 못했던 많은 일들이 기다리고 있을지도 모른다는구나."

질문 68

세탁기는 어떻게 옷을 깨끗하게 빨 수 있어요?

얼마 전까지만 해도 의정이의 엄마는 피곤한 나날을 보냈다. 세탁기가 고장이 났는데 수리 센터에 갈 시간이 없었기 때문이다. 그래서 아침에 출근했다가 저녁 때 퇴근해서 돌아오면 밥하고, 청소하기만도 힘든데 산더미 같은 빨래까지 해야 했다. 그러던 어느 날, 아빠가 엄마를 위해 최신형 세탁기를 구입했다. 엄마는 찌든 때 때문에 손빨래해야 했던 양말 같은 것도 이 세탁기는 잘 빨아준다며 좋아했다. 의정이는 신기한 마음에 엄마에게 물었다.

"엄마, 세탁기는 어떻게 옷을 깨끗이 빨 수 있어요?"

현대과학의 발전과 생활수준의 향상으로 에어컨, 세탁기, 냉장고, 텔레비전과 같은 다양한 전자제품이 각 가정의 문턱을 넘은 지 오래다. 전자제품은 우리 삶을 편리하게 해주고, 삶의 질을 높여주어 많은 사람의 환영을 받고 있다. 한편 아이들은 전자제품의 놀라운 성능에 감탄하면서도 작동원리를 이해하지 못하기 때문에 부모에게 이런 질문을 한다.
"냉장고는 어떻게 음식을 얼려요?"
"전자레인지는 어떻게 음식을 따뜻하게 데워요?"

이런 아이의 물음에 부모는 전자제품이 작동되는 원리를 알기 쉽게 설명해줘야 한다. 그러면 아이는 물리지식, 작동원리, 조작방법, 생활상식을 배우게 되어 전자제품을 더욱 편리하고 안전하게 사용할 수 있다.

"그야 세탁기는 빨래를 하는 기계니까 그렇지."

세탁기가 빨래하는 기계라는 사실은 굳이 부모가 말해주지 않아도 아이가 알고 있다. 아이가 궁금해하는것은 세탁기의 작동원리이므로 이런 대답은 하나마나한 것이다.

"내가 그걸 어떻게 아니? 아빠한테 가르쳐달라고 해."

답변하기를 회피하거나 다른 사람에게 물어보라는 등의 발언은 아이에게 '엄마는 잘 모른다.' '엄마에게 질문하면 혼나기만 한다.' 는 생각을 품게 만든다. 또한 부모가 늘 이런 식으로 대답해주면 아이는 실망감을 느껴 점차 질문도 하지 않고, 대화도 잘 하려고 하지 않는다.

"잠깐만 기다려봐. 엄마가 설명서 읽고 나서 가르쳐줄게."

이렇게 대답하면 아이는 자신이 존중받는다는 기분에 만족감을 느끼게 된다. 어쩌면 더 빨리 대답을 듣고 싶어 엄마와 함께 세탁기를 돌리려고 할지도 모른다. 만일 아이가 세탁기를 돌리고 싶어하면 부모는 세탁기 사용법을 가르쳐주는 것이 좋다. 아이가 사용법을 익히게 되면, 작동원리에 관한 설명을 들을 때 좀 더 쉽게 이해할 수 있다.

"세탁기에 손이 있는 것도 아닌데 엄마가 빤 것처럼 깨끗하게 옷을 빠니까 신기하지? 사실 세탁기의 비밀은 바로 이 가운데에 있는 동그란 통에 숨어 있단다. 세탁기의 모터가 돌아가면 동그란 통에 담긴 물이 왼쪽, 오른쪽으로 계속 돌거든. 그러면 때가 낀 옷끼리, 또 옷이랑 물살이랑 서로 부딪치면서 깨끗이 빨래가 되는 거란다."

싹이 난 감자는 먹으면 안 돼요?

어느 날 오후, 어진이의 엄마가 닭볶음탕을 하려는데 깜빡하고 감자 사오는 것을 잊었다. 어진이는 전에 먹던 감자가 몇 개 남아있다는 사실을 생각해내고 찾아서 엄마에게 가져다드렸다. 그러자 엄마는 어진이가 기껏 찾아온 감자를 보며 이렇게 말했다.

"에이! 이 감자 못 먹겠다. 싹이 다 났네. 그냥 토란으로 하지 뭐."

엄마의 말을 듣고 보니 진짜로 감자에 싹이 나 있었다. 하지만 그것 말고는 정말 여느 것과 다를 바 없는 멀쩡한 감자였다. 그래서 어진이는 매우 의아해하며 엄마에게 물었다.

"엄마, 싹이 난 감자는 먹으면 안 돼요?"

건강을 유지하려면 일상생활에서 식품안전에 신경을 쓰는 것이 매우 중요하다. 특히 각종 대중매체에서는 식품안전에 관한 많은 정보를 제공해주고 있어 사람들은 어떤 것을 먹어도 되고 어떤 것을 먹으면 안 되는지, 그리고 어떻게 먹고 어떻게 보관해야 하는지 잘 알고 있다. 하지만 아이들은 이런 정보에 둔감하기 때문에 식품안전에 관한 정보를 보고 들으면 매우 신기한 듯 질문들을 한다.

"왜 파란 토마토는 먹으면 안 돼요?"

"왜 산에 난 버섯을 함부로 따서 먹으면 안 돼요?"

아이가 이런 질문을 하면 부모는 진지하게 답을 말해주어야 한다. 더불어 아이가 건강하게 자랄 수 있도록 식품안전에 관한 지식을 가르쳐 주어야 한다.

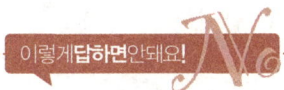

"글쎄. 잘 모르겠네. 이거 버리지 말까? 버리려니 아깝네. 애! 그러지 말고 저기에 있는 칼로 감자 껍질 좀 벗겨봐라."

버려질 위기에 처한 감자의 운명이 딱했던 것일까, 아니면 조금이라도 아끼려는 것일까? 아이의 궁금증은 풀어주지도 않고 부모 마음대로 심부름만 시키면 아이는 점차 불만이 쌓여 더 이상 엄마에게 질문을 하지 않게 될 수도 있다.

뿐만 아니라 이런 반응에는 두 가지 위험이 따른다. 첫째는 아이가 칼을 만지다가 다칠 수도 있고, 둘째는 아이의 칼질이 서툴러서 싹을 완전히 제거하지 못할 수 있다는 것이다.

"그냥 그렇게 알고 있어. 다른 집도 다 안 먹으니까."

여기서 우리는 그동안 부모가 싹이 난 감자를 먹으면 안 되는 이유를 알고 먹지 않은 것이 아니라 단순히 다른 사람을 따라하는 행동이라고 생각할 수 있다. 이런 대답은 아이에게 결코 도움이 되지 않는다. 어쩌면 아이는 이후 싹이 난 감자를 다시 발견했을 때 그냥 먹어서 위험한 일을 당할지도 모른다.

"감자 싹에는 독이 들어 있어서 사람이 먹으면 위험해."

다시 한 번 강조하지만 부모는 아이의 물음을 교육의 기회로 삼아야 한다. 이번에도 싹이 난 감자에는 독이 있으므로 절대로 먹어선 안 된다고 말해주고, 더불어 다른 식품안전에 관한 지식도 가르쳐줘야 한다.

"싹이 난 감자에는 감자 눈이나 싹 근처에 '솔라닌'이라는 독이 있어. 그래서 그냥 먹으면 토하게 되고 오들오들 춥단다. 아무 생각 없이 싹이 난 감자를 먹었다가는 큰일이 나는 거지. 이건 꼭 기억하고 있어야 해."

질문 70

왜 나무는 봄, 가을에 옮겨 심어요?

올 봄, 현영이의 할아버지는 마당에 대추나무 두 그루를 심었다. 그 뒤 대추나무는 할아버지의 정성스러운 보살핌 속에 무럭무럭 잘도 자랐고, 현영이는 쑥쑥 커가는 대추나무를 보며 기뻐했다. 그러던 어느 여름날, 현영이는 대추나무가 점점 휘어서 자란다는 사실을 발견했다. 할아버지는 대추나무가 너무 벽에 가깝게 심어져 벽이 괴롭히는 바람에 그렇게 자라는 것이라며, 선선한 가을이 되면 그때 옮겨 심어야겠다고 말했다. 그러자 현영이는 그동안 벽이 대추나무를 너무 많이 괴롭힐까 봐 걱정돼서 할아버지에게 물었다.

"할아버지, 왜 지금 바로 옮겨 심지 않아요?"

"이런, 여름에 나무 옮겨 심는 거 봤니? 봄, 가을이나 돼야 옮겨 심지."

그러더니 할아버지는 휑하니 밖으로 나갔다.

'왜 봄, 가을에만 옮겨 심지?'

때마침 아빠가 대문을 열고 들어오자 쪼르르 달려가 물었다.

"아빠, 왜 나무는 봄, 가을에 옮겨 심어요? 다른 계절에는 옮겨 심으면 안 돼요?"

식물이 잘 자라는 조건은 저마다 다르다. 씨를 뿌리는 계절이 모두 다르고, 자라는 곳도 양지, 음지, 건조한 곳, 습기 찬 곳, 모두 다르다. 이 중에 한 가지 조건이라도 맞지 않으면 바로 죽기 때문에 경험이 풍부한 사람은 반드시 식물의 특성에 맞게 재배를 한다. 하지만 아이들은 이 같은 조건과 특성을 잘 모르기 때문에 어른들의 재배법을 보고 질문을 한다.

"왜 나무를 옮겨 심는데 군데군데 가지랑 잎사귀를 잘라내요?"
"왜 한여름 대낮에는 꽃에 물을 주면 안 돼요?"

이런 질문을 받으면 부모는 아이가 식물의 성장조건을 잘 이해하여 식물을 사랑하고 보호하는 습관을 기르도록 과학적인 답변을 들려줘야 한다. 특히 오늘날과 같이 환경보호 운동이 활발하게 펼쳐지는 시대에는 식물이 건강하게 자라는 데 필요한 지식을 알고, 그들을 아끼고 보호해주는 자세가 반드시 필요하다.

"누가 그래? 잠깐만 기다려. 아빠가 바로 옮겨 심어놓을 테니까."

모르면 가만히 있는 편이 낫다. 식물은 한여름에 옮겨 심으면 건강하게 자랄 수 없다.

"누가 그래? 봄, 여름에는 식물을 옮겨 심어도 되고, 가을, 겨울에는 안 되는 거야."

큰소리 쳤지만 실은 틀린 대답이다. 이렇게 사실과 다른 지식을 가르쳐주면 아이는 바른 재배법을 모른 채 계속해서 궁금증만 키워갈 것이다. 따라서 모르면 아는 사람에게 정확히 물어봐야지 생각나는 대로 아무렇게나 대답해줘서는 안 된다.

"글쎄. 아빠도 잘 모르겠네. 조금 있다가 할아버지 돌아오시면 그때 여쭤보자."

이는 매우 합리적인 대답이다. 비록 아빠는 왜 나무를 봄, 가을에 옮겨 심어야 하는지 잘 모르지만 할아버지는 그 이유를 알고 있을지도 모른다. 그리고 할아버지에게 물어봄으로써 아이는 할아버지에 대한 아빠의 존경심을 알게 되고, 모르는 것이 있을 땐 끝까지 답을 구해야 한다는 좋은 태도도 배울 수 있다.

"식물을 옮겨심기에 가장 좋은 계절은 봄과 가을이야. 왜냐하면 봄은 나무가 추위에서 깨어나 다시 활기차게 살아가기 시작하는 계절이기 때문이지. 봄에는 나무뿌리에 저장돼 있는 영양분이 재빨리 가지 끝까지 전달돼서 옮겨 심어도 잘 살 수가 있거든. 그리고 날씨가 선선해지는 가을에는 나무가 자라는 속도가 점점 느려져서 옮겨 심어도 큰 영향을 받지 않는단다. 어차피 이듬해 봄이 돼서 날씨가 포근해지면 다시 건강하게 자랄 테니까.

하지만 여름과 겨울은 사정이 달라. 날씨가 뜨거운 여름은 나무가 한창 자라는 계절인데 이때 나무를 옮겨 심게 되면 뿌리가 다치게 돼. 또 새로운 흙에 적응하지 못해 나뭇잎이 바싹 마르면서 말라죽을 수도 있고. 또 일 년 중 가장 추운 겨울은 나무가 이미 영양분을 나무뿌리와 줄기에 다 저장해놓고 쉬는 기간이야. 그래서 이때 나무를 옮겨 심으면 영양분을 충분히 공급받지 못한데다가 날씨까지 추워서 결국은 죽게 되지. 그래서 여름과 겨울에는 나무를 옮겨 심으면 안 되는 거란다."

커피를 마시면 왜 정신이 나요?

토요일 오후, 윤미는 거실에서 텔레비전을 보고 있었다. 그런데 세 시쯤 되자 갑자기 졸음이 몰려와 정신없이 하품을 해대기 시작했다. 이 때 서재에서 원고를 쓰시던 아빠가 소리쳤다.

"윤미야, 아빠 커피 한 잔 타주겠니? 너무 졸려서 정신 좀 차려야겠다."

윤미는 엄마가 사다놓은 커피를 찾아 진하게 한 잔을 탔다. 그러고는 향긋한 커피 향을 맡으며 조심스럽게 들고 가 아빠에게 건네며 말했다.

"아빠, 커피를 마시면 정신이 들어요? 왜요?"

우리가 먹는 식품 중에는 단순히 먹는 재미 외에도 특별한 기능이 숨어져 있는 것들이 있다. 그래서 이런 기능을 잘 아는 사람은 그 식품을 먹는 것만으로도 자신의 건강을 꼼꼼히 챙긴다. 하지만 아이들은 단순히 먹기만 하기 때문에 어떤 식품에 무슨 기능이 있다는 정보를 접하게 되면 호기심이 발동해 이런 질문들을 한다.

"왜 차를 마시면 정신이 맑아져요?"
"왜 인삼을 먹으면 몸이 건강해진다는 거예요?"

이런 질문을 받으면 부모는 아이가 건강하게 자라고, 더욱더 활기차게 활동할 수 있도록 식품의 특성과 기능을 알려줘야 한다.

"커피 타준 건 고맙지만 아빠가 지금 할 일이 바빠서 말이야. 넌 그만 나가서 놀아라."

궁금증도 풀어주지 않고 부모가 아이의 지적욕구를 무시하고, 차갑게 대하면 이후 아이는 궁금한 것이 있어도 절대로 부모에게 물어보지 않게 된다.

"먹어보면 바로 알 수 있지. 자, 마셔봐."

백 마디의 설명을 듣느니 차라리 한번 경험하는 것이 낫다는 말도 많이 하지만, 원리적인 이해를 요하는 문제에 대해서는 경험하게 하는 것보다는 원리나 성분에 대해 설명해 주는 편이 좋다. 더군다나 이런 경우 아이가 커피 성분에 대한 기본적인 이해 없이 '커피 = 정신을 차리게 만들어 준다'는 정보만 알게 되면 마셔도 되는 음식으로 생각할 수도 있다.

"저번에 녹차 마셨을 때 왠지 머리가 맑아지는 것 같지 않았니? 커피도 마찬가지야. 차와 커피에는 카페인이라는 성분이 들어있어서 잠을 깨주거든."

경험에 근거한 비유나 비교를 해주면 아이가 보다 쉽게 원리를 이해할 수 있다.

"커피를 마시고 나서 정신이 차려지는 건 다 '카페인'이라는 성분 때문이야. 카페인은 가느다란 바늘 모양을 한 하얀색 가루인데, 이걸 먹게 되면 사람이 흥분을 하게 된단다. 그래서 피곤함이 가시고, 졸음이 달아나서 정신이 바짝 나는 거지. 하지만 카페인을 너무 많이 먹으면 건강에 좋지 않아. 몸에서 수분이 빠져 나가는 탈수현상이 일어나거나 불면증, 또는 정신적으로 불안한 현상이 생길 수도 있어."

질문
72

진흙도 보석이 될 수 있어요?

　일요일 아침, 유라는 아빠와 함께 보석박물관에 갔다. 예쁜 보석이 전시돼 있는 그곳에는 이미 많은 사람들이 와서 관람을 하고 있었다. 그 중에서도 특히 유라의 시선을 끈 것은 호두만큼 크고, 굉장히 아름다운 파란색 보석이었다. 이때 박물관장은 관람객들에게 보석의 주요화학성분이 진흙과 같은 산화알루미늄이라고 소개해줬다. 유라는 이 말을 듣고 흥분을 감출 수가 없었다. 보석과 진흙의 성분이 같다니, 그렇다면 진흙도 보석이 될 수 있단 말인가! 생각이 여기에 미치자 유라는 아빠에게 말했다.

　"아빠, 그럼 진흙도 보석이 될 수 있겠네요?"

　사람은 누구나 아름다운 것을 좋아한다. 그래서일까? 아이들도 보석을 갖고 싶어한다. 그런데 아이들은 보석이 어떻게 만들어지는지 모르기 때문에 이런 질문을 하기도 한다.

"물로 수정을 만들 수 있어요?"
"다이아몬드를 사람이 만들 수 있어요?"

부모는 이런 질문을 받으면 아이에게 보석의 가치와 그것이 만들어지는 과정을 설명해주면 된다.

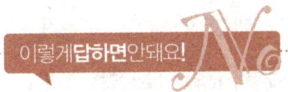

"그럼, 집에 가서 한번 해봐."

지금 아이를 놀리는가? 아이가 눈치 채지 못할 것이라고 생각했다면 큰 오산이다. 이렇게 말해주는 것은 아이를 의기소침하게 만들고, 지적 욕구도 사라지게 하므로 좋은 대답이라고 할 수 없다. 또한 잘못된 지식을 믿고 정말로 진흙으로 보석을 만들려고 할지도 모른다.

"쉿! 작게 말해. 남들이 들으면 웃겠다."

아이의 호기심을 부끄럽게 여기는 듯한 발언은 좋지 않다. 지금 아이는 탐구심과 지적욕구로 똘똘 뭉쳐있기 때문에 다른 사람들의 시선 따위는 신경 쓰지도 않는다. 부모는 아이의 이런 모습에 기뻐하고, 누군가가 궁금증을 풀어줄 수 있도록 큰 목소리로 말해보라고 격려해줘야 한다.

"좋은 생각인데? 어쩌면 여기에 있는 다른 사람들도 다 그런 생각을 하고 있을지도 모르겠다. 그러니까 네가 대표로 관장님께 여쭤봐. 다 같이 대답을 들을 수 있게 말이야."

큰소리로 질문을 하면 용기를 단련시킬 수 있을 뿐만 아니라 전문가의 과학적이고 권위 있는 대답을 들을 수 있다. 더불어 아이는 한 단계 더 성장하게 된다. 어쩌면 이것은 아이의 인생에 중대한 영향을 끼치는 매우 의미 있는 경험이 될지도 모른다.

"보석 색깔이 참 아름답지 않니? 빨간색도 있고, 파란색도 있고, 노란색도 있고, 정말 하나같이 너무 예쁘다. 보석과 진흙의 성분이 똑같다니, 그것도 정말 신기하고 말이야. 그런데 그 똑같은 성분이 바로 '산화알루미늄'이라는 것이란다. 단지 보석에는 산화알루미늄만 들어있고, 진흙에는 다른 물질이 섞여 있는 차이일 뿐이래. 그럼 과연 진흙은 보석이 될 수 있을까? 결론부터 말하자면 충분히 될 수 있어. 사실, 천연보석은 매우 희귀하기 때문에 대부분은 사람들이 만들어 쓴단다. 어떻게 만드는가 하면, 진흙에서 순수한 하얀색 산화알루미늄 가루만 뽑아낸 다음에 높은 열에서 녹이고, 이걸 다시 굳힌대. 그러면 이게 바로 순수한 산화알루미늄 결정체, 그러니까 인공보석이 되는 거지.
인공보석도 천연보석과 다를 바 없이 매우 아름답단다. 인공보석을 처음 만들 때에는 색깔이 없어서 투명하지만 여기에 다른 물질을 아주 조금만 섞으면 오색찬란한 빛으로 변하기도 해. 그래서 루비가 되고, 사파이어가 되고, 토파즈가 되는 거지. 인공보석은 장식품으로도 쓰이고 아주 정교한 기계의 부속품으로도 사용된단다."

질문 73

> **타잔이 도시로 떠났으면 무슨 일을 했을까요?**

　어느 날, 현수는 집에서 아빠와 함께 〈타잔〉을 봤다. 현수가 보기에 순식간에 나무에 그네를 만들어 사랑하는 제인과 함께 자유자재로 타고 다니는 타잔의 모습은 마치 사람과 원숭이의 특징을 반반 섞어놓은 것만 같았다. 특히 마지막에 타잔과 제인이 섬을 떠나지 않고 행복하게 사는 장면에서는 '만약 타잔이 도시로 떠났다면 과연 무슨 일을 했을까?'라는 생각마저 들게 했다. 생각이 여기에 미치자 현수는 아빠에게 물었다.

　"아빠, 만약에 타잔이 도시로 떠났다면 무슨 일을 했을까요?"
　현수는 아빠의 의견이 너무나 궁금했다.

　어린 아이들은 주변 세계를 논리적이고 사실적으로 파악하는 것이 아니라 매우 주관적으로 본다. 그래서 허구적인 사물에도 호기심과 관심이 굉장히 많다.

"스파이더맨은 착한 거미예요, 나쁜 거미예요?"
"제리는 쥐인데 어떻게 고양이인 톰보다 빨라요?"
"늑대는 아이들을 잡아먹어요?"
"토끼와 거북이에서 거북이가 어떻게 이긴 거예요?"

아무리 아이들의 물음이 간단하고, 유치하고, 재미있더라도 절대 비웃지는 말자. 그렇다면 과연 이런 질문에는 어떻게 답해줘야 할까? 부모의 진지한 답변이야말로 아이의 언어능력과 사고력을 키우는 최고의 영양소다.

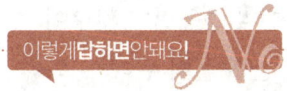

"만약 타잔이 도시로 나와서 특수훈련을 받는다면 아마 훌륭한 조련사나 특공대원이 될 수 있었을 거야."

특수훈련이란 구체적으로 어떤 훈련을 말하는가? 아이들의 이해력과 어휘구사력에는 한계가 있다. 따라서 아이들이 알아들을 수 있도록 쉽게 이야기해 주어야 한다.

"잠깐만. 생각 좀 해보고 말해줄게."
아이들의 집중력과 관심은 수명이 그리 길지 않다. 질문할 때가 집중력이 가장 좋을 때이기 때문에 바로바로 대답해줘야 한다. 그렇지 않고 바쁘다는 핑계로 다음에 얘기해주겠다고 하면 아이는 자신이 질문을 한 것조차도 까맣게 잊어버린다.

"글쎄. 아빠 생각에는 타잔이 나무를 잘 타고 용감하니까 절벽 같은 곳을 잘 올라가는 암벽 등반가나 군인이 되면 좋을 것 같구나. 네 생각은 어떤데?"

물론 타잔은 실존 인물이 아니다. 하지만 아이들의 눈높이에 맞추어 함께 상상해보는 것은 아이의 창의력을 키우는데 큰 도움이 된다. 이와 함께 부모는 아이에게 "넌 어떻게 생각하는데?"라고 물어봐주어 자기가 좋아하는 만화 주인공에 부모가 관심을 보이면 아이는 매우 기뻐하며 상상의 나래를 맘껏 펼치게 될 것이다.

"만화를 보니까 타잔은 나무를 아주 잘 타더라. 그래서 아빠는 만약 타잔이 도시로 떠난다면 나무를 잘 타는 특기를 살려서 전기 기술자가 되거나 건축현장에서 일하면 좋을 것 같아. 이것 말고 나무 타듯이 높은 곳에서 일할 수 있는 직업이 또 뭐가 있을까? 뭐가 있나 네가 한번 말해볼래?"

질문
74

"
왜 파리는
더러운 걸 먹고도 병이 안 나요?
"

    여름방학의 어느 날, 엄마와 함께 쇼핑을 하던 초원이는 갑자기 배가 아파서 급하게 화장실을 찾아봤다. 그러나 가까운 곳에는 화장실이 없었다. 주변을 뒤진 끝에 마침내 어느 골목에서 공중화장실을 찾을 수 있었다. 그런데 문을 열어보니 완전히 똥파리 소굴이었다. 초원이는 기겁을 하고 놀랐지만 사정이 급한 만큼 가까스로 볼일을 보고 밖으로 뛰쳐나왔다. 초원이는 불평을 하며 엄마에게 말했다.

    "엄마, 왜 파리는 더러운 걸 먹고도 병이 안 나요?"

    동물에게는 저마다 독특한 생활습성이 있다. 하지만 아이들은 이 점을 잘 모르기 때문에 이해할 수 없는 동물들의 습성을 보면 궁금해 질문을 한다.

    "딱따구리는 그렇게 나무를 많이 쪼아대는데 부리가 안 부러져요?"
    "공작새는 질투가 나서 꼬리를 펼치는 거예요?"

아이들은 동물에 관심이 많다. 그래서 동물에 관한 궁금증을 자주 갖는다. 이때 부모는 아이가 궁금증을 해결하고, 나아가 동물을 사랑하고 보호하는 마음을 키울 수 있도록 동물의 특성을 재미있게 설명해주는 것이 좋다.

"병이 나서 죽으면 파리가 세상에서 없어져버리잖아."

파리의 생명력이 강하다는 사실을 말하고 싶은 것인가, 아니면 파리에 대한 지긋지긋한 감정을 표현하고 싶은 것인가? 이 대답은 아이가 질문한 내용과 상관이 없고, 아이의 궁금증도 전혀 풀어주지 못한다.

"그야 파리는 더러운 걸 먹으면서 자라니까 그렇지."

파리가 더러운 것을 먹고 사는 것은 사실이다. 하지만 이로써 아이의 궁금증이 완전히 해소되는 것은 아니다.

"파리의 몸 속에서는 병균을 죽일 수 있는 게 나오거든. 그래서 아무리 더러운 것을 먹어도 병이 나지 않아."

파리가 더러운 것을 먹어도 병이 나지 않는 이유를 과학적으로 설명해주는 좋은 대답이라고 할 수 있다. 또한 이 일을 계기로 아이는 새로운 지식을 배우고, 탐구심도 자극을 받아 앞으로 더 많은 질문과 연구를 할 것이다.

"아마 파리를 좋아하는 사람은 없을 거야. 음식이 더럽든 깨끗하든 못 먹는 게 없고, 심지어 대변도 그냥 지나치지 않으니까. 그러니 파리 몸에 병균이 얼마나 득시글거리겠니? 파리는 이런 몸으로 여기저기 날아다니면서 병균을 퍼트린단다. 하지만 정작 파리 자신은 병에 걸리지 않아. 왜 그런지 아니? 파리 몸에서는 항균활성단백질이 분비되는데, 모든 병균을 소화관에 숨겨놓았다가 이 항균활성단백질로 없애버려. 이렇게 되면 파리는 병균에 감염되지 않기 때문에 병에도 걸리지 않는단다. 어쨌든 파리는 해로운 곤충이니까 절대 손으로 만지면 안 돼. 그리고 보는 대로 잡아서 파리 때문에 병이 퍼지는 일을 줄여나가야 해."

질문 75

> 아빠, 서커스 단원은 어떻게 입으로 사람을 들어올릴 수 있어요?

어느 날, 혜성이는 엄마 아빠와 함께 서커스 공연을 보러 갔다. 과연 소문대로 그 공연은 볼거리로 가득했는데 특히 입으로 사람을 매달고 공중에서 유유히 그네를 타며 다채로운 묘기를 펼치는 공연이 인상적이었다. 혜성이는 그 모습이 너무나 신기하기도 하고 도대체 어떻게 가능한지 궁금했다. 그래서 공연이 끝난 후 아빠에게 물어봤다.

"아빠, 서커스 단원은 어떻게 입으로 사람을 들어 올릴 수 있어요?"

서커스, 마술과 같이 예측을 불허하는 환상적인 무대공연은 관중의 탄성을 절로 자아낸다. 통 안에 들어간 사람이 사라졌다가 다시 나타나고, 머리와 다리가 몸에서 분리된 채 따로 움직이고, 외줄을 타고, 소리를 똑같이 흉내 내고…. 어른들도 신기해하는 이런 묘기에 아이들은 얼마나 더 놀랍고도 신나겠는가. 그래서 아이들은 부러운 듯 천진난만한 질문들을 쏟아 놓는다.

"어떻게 해야 서커스 단원처럼 줄을 탈 수 있어요?"
"저 사람은 머리, 다리가 몸에서 떨어졌는데 다시 살 수 있어요?"
"어떻게 해야 빈 그릇에서 돈이 나오게 할 수 있어요?"

서커스나 마술과 같이 흥미롭고 상상을 초월하는 공연은 언제나 사람들의 환영을 받는다. 서커스와 마술은 엄밀히 말해서 단순한 속임수가 아닌 과학적인 기술이다. 따라서 부모는 아이가 서커스나 마술에 호기심을 보이면 탐구심, 사고력, 지혜를 발휘해 그 비밀을 파헤치도록 도와주고, 생활의 흥미를 더해주어야 한다.

"저건 다 짜고 하는 거야."

짜고 하는 것이라도 그것의 과학적인 원리를 설명해주지 않으면 하나마나한 대답이나 마찬가지이다.

"글쎄. 어떻게 하는 걸까? 하긴 다른 사람이 다 알도록 티 나게 하면 저 사람들이 지금 여기서 공연을 하고 있겠어?"

서커스를 간교한 속임수쯤으로 생각하는 것 같은데 이는 서커스가 얼마나 과학적인지 잘 모르는 데서 생긴 오해이다. 이렇게 대답해주면 아이는 서커스를 왜곡된 시선으로 보게 되어 다른 사람들이 하는 모든 일에도 분명히 어떤 속임수가 숨어있을 것이라고 생각하게 될지 모른다.

"분명히 어떤 원리가 숨어있을 거야. 아빠랑 같이 그 서커스 단원 아저씨한테 물어보러 갈까?"

서커스 동작의 과학적인 원리를 알아봄으로써 아이는 새로운 지식을 배우고, 마음속에 있던 궁금증을 해소할 수 있다. 이는 또한 아이의 지적 욕구와 탐구심을 자극할 뿐 아니라 모르는 것이 있으면 아는 사람에게 직접 물어볼 수도 있다는 것을 알게 해준다.

"얼핏 보기에는 저 사람이 그냥 앞니로 사람을 들어올리는 것 같지? 하지만 그런 일은 있을 수 없어. 그럼 저 묘기는 어떻게 가능하냐고? 그건 바로 입에 물고 있는 작은 도구 때문이란다. 사람의 앞니와 어금니가 아무리 튼튼해도 어른을 들어올리기는 힘들기 때문에 틀을 대는 거지. 입 안 양쪽에 나무나 금속, 플라스틱으로 만든 틀을 대면 사람이 매달려도 덜 무겁게 느껴져. 앞니보다 숫자도 더 많고, 아래턱에 더 단단히 고정

돼있는 어금니 하나하나에 힘이 골고루 나눠지기 때문이지. 한 손가락으로 책가방을 드는 것보다 다섯 손가락으로 들면 손가락 하나하나에 힘이 나누어져서 힘이 덜 드는 것처럼 말이야. 그리고 음식을 씹을 때 쓰이는 '저작근'이라는 근육이 있는데, 이게 바로 우리 몸에서 가장 힘이 센 근육이거든. 그래서 80킬로그램의 무게도 거뜬히 들 수 있어. 다시 말해 서커스 단원들은 이 저작근을 단련하고, 이에 대한 특수한 도구의 도움을 받아서 사람보다 더 무거운 것도 들어올릴 수 있는 거란다."

집에서 판다 기르면 안 돼요?

어느 일요일, 규민이는 엄마와 함께 동물원에 놀러 갔다. 그곳에는 수많은 동물들이 있었는데 특히 규민이의 시선을 끈 것은 바로 판다였다. 판다의 천진난만한 모습에 반한 규민이는 이런 귀여운 동물 한 마리를 집에서 기르면 좋겠다는 생각이 들어 엄마에게 말했다.
"엄마, 우리도 집에서 판다 기르면 안 돼요?"

아이들은 대부분 동물을 사랑하는 마음을 타고나 동물에게 관심이 많다 그래서 일상생활에서 희귀동물에 관한 정보를 보고 들으면 궁금한 내용이 많아져 어른들에게 많은 것을 물어본다.
"왜 호랑이를 우리에 가둬요?"
"들창코원숭이랑 친구해도 돼요?"
"어디를 가야 노루랑 낙타랑 악어를 볼 수 있어요?"

희귀동물이 멸종해가는 것은 매우 안타까운 현실이다. 따라서 부모는 아이에게 어려서부터 동물을 사랑하는 마음을 키워주어야 한다. 또한 인류의 귀중한 보물을 보호하는 데 아이가 작은 힘이나마 보탬이 되도록 희귀동물을 구조하는 활동에 적극적으로 참가하도록 이끌어야 한다.

"얜 정말 종잡을 수가 없네. 판다가 그렇게 기르기 쉬운 줄 아니?"

아이의 순진함을 비웃지는 말자. 이것이야말로 정말 아이다운 귀여운 생각이 아닌가? 그럴 것이 아니라 판다가 자유롭고 건강하게 잘 자랄 수 있도록 아이와 함께 기원해주자.

"판다는 많은 사람들이 사랑하고 아끼는 귀한 동물이라서 집에서 함부로 기를 수가 없어. 판다가 그렇게 좋으면 앞으로 엄마랑 동물원에 자주 보러 오자. 알았지?"

부모는 아이가 아무리 좋아해도 판다는 개인 소유물이 될 수 없으며, 여러 사람의 사랑과 관심을 받으며 즐겁고 건강하게 자라야 한다고 말해주어야 한다. 그러면 아이는 자신만 생각하는 이기적인 마음에서 벗어나 다른 사람과 동물들을 먼저 배려하는 마음을 키울 것이다.

"판다는 얼마나 까다로운지 몰라. 하루에 대나무를 20킬로그램이나 먹어야 하거든. 그것도 신선한 대나무와 죽순으로만. 그러니까 당연히 대나무가 없는 곳에서는 살지도 못하지. 그런데 우리 집에 판다가 먹을 수 있는 신선한 대나무와 죽순이 있니? 없잖아.

또 판다는 전 세계적으로 몇 마리 안 남은 굉장히 귀한 동물이야. 그래서 지구에서 완전히 사라지지 않게 하기 위해서 판다가 잘 살 수 있도록 보호해줘야 돼. 당연히 판다를 사랑하는 네게도 판다를 보호해야 할 책임이 있단다. 물론 우리가 보호해야 할 건 판다뿐만이 아니야. 다른 동물들, 그러니까 주변에서 흔히 볼 수 있는 강아지, 고양이부터 사슴, 너구리, 곰 같은 동물들도 모두 보호해주어야 해.

하지만 우리 주위에는 강아지나 고양이를 기르다가 싫증난다고 버리는 사람도 있고, 또 몰래 동물들을 사냥하는 사람들도 있어. 그리고 사람들이 개발을 한다고 나무를 마구 베어내고 산 중간 중간에 도로를 내면서 살 곳을 잃는 동물들이 생겨나고, 간혹 찻길을 건너다 동물들이 차에 치여 죽기도 하잖아. 또 산불에 타죽는 동물들도 있고 말이야.

우리가 집에서 밥을 먹고 잠을 자야 건강하고 편하게 살 수 있듯이 동물들도 제각기 건강하게 살 수 있는 곳이 따로 있단다. 기린이나 사슴과 같은 초식동물은 나무나 풀이 많은 곳에서 살아야 하고, 사자나 호랑이

같은 육식동물은 토끼나 노루 같은 먹잇감이 많은 곳에서 살아야 하지. 우리는 바로 그런 동물들의 보금자리를 더 이상 파괴하지 않게 지켜주어야 해. 그러니까 아파하는 동물들을 보면 빨리 치료를 받을 수 있도록 동물구조 센터에 연락해줘. 알았지?"

왜 범인을 교도소에 보내요?

저녁 식사 후 지빈이는 집에서 텔레비전을 봤다. 마침 텔레비전에서는 〈수사반장〉이란 프로그램이 방영되고 있었다. 화면에 범인이 체포되는 장면이 나오자 호기심이 발동한 지빈이는 아빠에게 질문을 했다.
"아빠, 왜 범인을 교도소에 보내요?"

정보화 시대에 살면서 아이들이 유해한 정보를 전혀 접하지 않기란 불가능하다. 한편 아이들은 자신이 보고 들은 것 가운데 모르는 내용이 나오면 궁금해하며 질문을 한다.
"저 사람들은 왜 싸워요?"
"국회의원 아저씨들도 죄를 짓나요?"
"노래방 도우미가 뭐예요?"

부모는 아이들을 깨우쳐주는 영원한 스승이다. 따라서 아이가 밖에서 어떤 정보를 접하는지 파악하고 세심하게 지도해야 하며, 아이가 건강하게 성장할 수 있도록 유익한 정보와 유해한 정보를 선별하는 방법을 가르쳐주어야 한다.

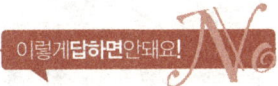

"죄를 지었으니까 당연히 교도소에 가야지. 저런 사람을 보고 절대로 배우지 마라. 안 그러면 너도 똑같이 교도소에 가니까."

아이를 초조함과 두려움에 떨게 하려고 이렇게 대답해주는 것인가? 이런 답변은 적절하지 못하다. 아이는 왜 범인을 보고 배우면 안 되는지 그 이유를 모르기 때문에 "범인이 뭐예요?", "대체 무슨 죄를 졌기에 감옥에 보내요?"라고 질문하여 강한 의문을 제기할 것이다. 또한 과거에 유리를 깨뜨렸거나 몰래 사탕을 훔쳐 먹은 일까지도 걱정하며 혹시 경찰에 잡혀가지는 않을까 불안해하게 된다.

"잘됐지 뭐. 누가 남의 물건 훔치래? 저런 사람들은 죄다 잡아다가 사형을 시켜야 돼."

과연 잔인한 아빠가 아이를 선량하게 키울 수 있을까? 물론 아빠는 아이에게 경각심을 일깨워주기 위해서 범인을 마치 원수 대하듯 했을지도 모른다. 하지만 어떤 사람의 인격이든 언제나 존중받아야 마땅하다. 따라서 부모는 범인을 경시하는 태도를 버리고, 아이가 범죄의 원인과 본질을 정확히 인식할 수 있도록 도와주어야 한다.

"저 사람이 옆집에 몰래 들어가서 돈을 훔쳤대. 이렇게 물건을 몰래 훔치는 걸 '절도죄'를 졌다고 말해. 그러면 교도소에 갈 수밖에 없단다. 뭐든지 노력을 해서 작은 것부터 얻어야지. 남의 물건에 손을 안 댔으면 저렇게 잡혀가지 않아도 될 텐데."

아이를 키우다 보면 본의 아니게 사회의 어두운 면을 보게 할 때가 있다. 이런 경우 진실을 덮고 애써 미화하기 보다는 사실 그대로를 알려줄 필요가 있다. 예를 들어 법을 어긴 사람은 왜 잡혀 가는지, 어떤 행동이 법을 어기는 행동인지, 잡혀 가면 어떤 벌을 받는지 사실대로 알려준다면 아이는 사회를 유지하는 질서와 규범, 법 등에 대해 이해하게 되고, 바람직한 행동의 필요성을 알게 될 것이다.

"저 사람이 옆집에 있는 돈을 훔쳤기 때문이지. 이 세상에는 사람들이 해서는 안 되는 일이 있어. 예를 들어 다른 사람의 돈을 빼앗거나, 사람

을 때리고 죽이거나 하는 따위의 일이지. 그런데도 그런 짓을 저지르는 사람이 있단다. 이들을 '범죄자'라고 부르는데 그냥 두면 어떻게 되겠니? 분명히 열심히 일하고 바르게 사는 많은 사람들이 행복하게 살 수 없을 거야. 아마 길거리도 마음껏 다니지 못할 걸? 그래서 법이 있는 거란다. 법에 따라 교도소에 갈만한 죄를 지은 사람은 교도소에 가게 되는 거지. 하지만 착하고 바르게 살면 교도소에 갈 일은 없단다."

후 기

　아이가 질문을 하면 우선 그 탐구정신을 칭찬해주어야 합니다. 탐구정신이 뛰어나야 창의력도 자라기 때문입니다. 반대로 아이의 탐구정신을 짓밟으면 어떻게 될까요? 그것은 아이를 정신적으로 짓밟는 행위와 같습니다.
　또한 아이가 엉뚱한 질문이나 답을 해도 격려를 아끼지 말아야 합니다. 만약 아이가 5 더하기 4라는 문제에 8이라고 대답하면 어떤 부모는 어떻게 그런 문제를 틀리냐며 무안을 줄 것입니다. 하지만 현명한 부모라면 그렇지 않겠지요. 틀림없이 점점 더 정답에 가까워진다며 격려해 줄 것입니다.

　배움에 있어 실패에 맞서는 것은 큰 의미가 있는 일입니다. 따라서 아이들은 실패를 두려워하는 것이 아니라 실패의 가치를 배워야만 합니다. 결국 이것이 용감하게 질문을 던지고 탐구할 수 있게 하는 힘이 되지요.
　만약 세상의 모든 부모가 이렇게 한다면 아이들은 자유롭게 호기심을 충족시킬 뿐 아니라 세상을 탐구하는 기쁨을 느끼게 될 것입니다. 궁